VAMOS CONVERSAR
SOBRE A FELICIDADE?

PAPIRUS ✦ DEBATES

A coleção Papirus Debates foi criada em 2003 com o objetivo de trazer a você, leitor, os temas que pautam as discussões de nosso tempo, tanto na esfera individual como na coletiva. Por meio de diálogos propostos, registrados e depois convertidos em texto por nossa equipe, os livros desta coleção apresentam o ponto de vista e as reflexões dos principais pensadores da atualidade no Brasil, em leitura agradável e provocadora.

LÚCIA HELENA GALVÃO
ROSSANDRO KLINJEY
VANESSA RODRIGUES

VAMOS CONVERSAR
SOBRE A FELICIDADE?

PAPIRUS 7 MARES

© Copyright Lúcia Helena Galvão,
Rossandro Klinjey e Vanessa Rodrigues, 2024
© Copyright M.R. Cornacchia Editora Ltda., 2024
Todos os direitos reservados

Capa	Fernando Cornacchia
Coordenação e edição	Ana Carolina Freitas
Diagramação	Guilherme Cornacchia
Revisão	Fluxo Editorial Serviços de Texto

Dados Internacionais de Catalogação na Publicação (CIP)
(Câmara Brasileira do Livro, SP, Brasil)

Galvão, Lúcia Helena
  Vamos conversar sobre a felicidade? / Lúcia Helena Galvão, Rossandro Klinjey, Vanessa Rodrigues. -- 1. ed. -- Campinas, SP : Papirus 7 Mares, 2024. -- (Coleção Papirus Debates)

ISBN 978-65-5592-048-2

1. Autoconhecimento 2. Felicidade I. Klinjey, Rossandro. II. Rodrigues, Vanessa. III. Título. IV. Série.

24-203659   CDD-158

Índices para catálogo sistemático:
1. Felicidade : Psicologia   158

Cibele Maria Dias - Bibliotecária - CRB-8/9427

1ª Edição – 2024

Exceto no caso de citações, a grafia deste livro está atualizada segundo o Acordo Ortográfico da Língua Portuguesa adotado no Brasil a partir de 2009.

Proibida a reprodução total ou parcial da obra de acordo com a lei 9.610/98. Editora afiliada à Associação Brasileira dos Direitos Reprográficos (ABDR).

DIREITOS RESERVADOS PARA A LÍNGUA PORTUGUESA:
© M.R. Cornacchia Editora Ltda. – Papirus 7 Mares
R. Barata Ribeiro, 79, sala 316 – CEP 13023-030 – Vila Itapura
Fone: (19) 3790-1300 – Campinas – São Paulo – Brasil
E-mail: editora@papirus.com.br – www.papirus.com.br

Sumário

"Contas todas pagas" 7

Ser fator de soma no mundo 31

Estar verdadeiramente com o outro 47

Viver o tempo presente 65

Ser referência 79

Sentir-se capaz 109

Expandir o amor 121

Ter a coragem de se conhecer 137

Glossário 149

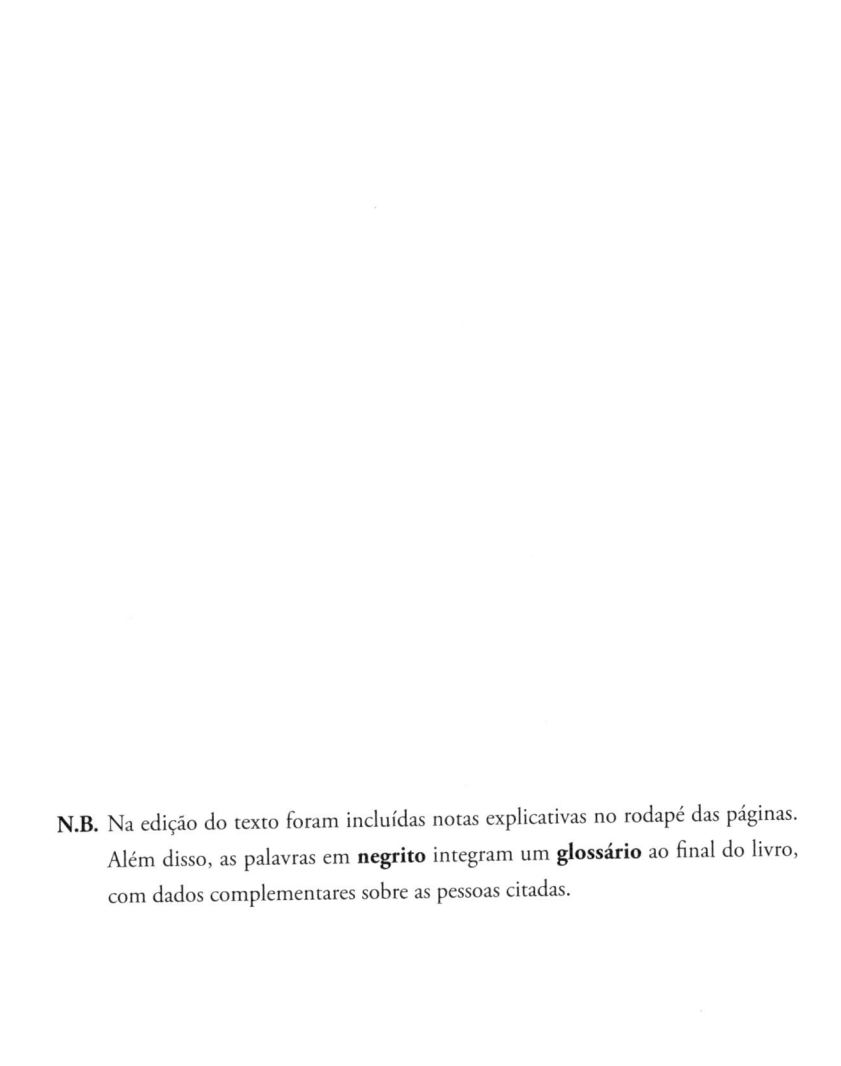

N.B. Na edição do texto foram incluídas notas explicativas no rodapé das páginas. Além disso, as palavras em **negrito** integram um **glossário** ao final do livro, com dados complementares sobre as pessoas citadas.

"Contas todas pagas"

Vanessa Rodrigues – Depois de alguns anos dando aula sobre felicidade, percebo um aspecto intrigante na forma como esse tema é abordado. A felicidade é apresentada para nós como um produto, conquistado apenas através do sucesso, que é socialmente validado como título e dinheiro. Para a sociedade, é muito importante termos prestígio e acesso a coisas – isso materializa o sucesso de uma maneira muito tangível, visível e mensurável, algo reconhecido facilmente pelas pessoas como êxito social. Êxito social é como cruzar a linha de chegada e receber a "medalha de felicidade" da vida.

Na sala de aula, os alunos chegam com a expectativa de encontrar soluções prontas e definitivas estabelecidas pela ciência. No entanto, eles descobrem que a jornada em direção à felicidade não é um caminho pré-fabricado, e sim uma construção individual, uma decisão que envolve comprometimento e esforço contínuos. Esse aspecto do "encontro interno" não é visível aos outros e às vezes nem ao próprio indivíduo, criando um paradoxo mental: se não pode ser mostrado, é como se não existisse, e a pessoa não reconhece a plenitude de suas experiências internas, invalidando a profundidade daquilo que sente. Vejo a felicidade como uma experiência de valor muito individual. O problema é que esse valor individual está intrinsecamente relacionado com as concepções daquilo que nos é apresentado.

Com frequência, aprendemos que ser feliz implica perseguir objetivos e ideais amplamente aceitos, reconhecidos e endossados por nossa cultura, como influência social e posses materiais. Essa é a vitrine que desperta o interesse das pessoas, esse é o lugar onde queremos estar, é isso que aplaudimos. Então, saímos em busca de algo desejado por todos, em uma corrida frenética rumo a um futuro "brilhante", mesmo que aquilo não faça muito sentido para nós, pois acreditamos que, lá na frente, seremos recompensados, "vai dar certo". Por isso, é muito importante atualizarmos o entendimento de felicidade, para alinharmos essa busca na direção de algo autêntico e significativo para nós. Isso exige introspecção, coragem de explorar nossos valores mais profundos.

Durante esse caminho, é importante saber quem somos, para termos uma direção própria e bem definida.

Pessoas que não sabem quem são ficam perdidas e se tornam mais vulneráveis para ser influenciadas. Admito que a palavra "autoconhecimento" tem me soado indigesta. Atualmente, tenho a impressão de que todos já têm uma solução rápida e fácil para alcançá-lo. As pessoas fazem cursos instantâneos e se autodefinem como introvertidas ou extrovertidas, como se essa classificação resumisse quem elas são. Isso não dá conta de buscarmos essa exploração íntima e profunda que é necessária para nos conduzir à felicidade.

O autoconhecimento requer que atravessemos a nós mesmos em nossas próprias experiências individuais e singulares, reconhecendo que muito do que buscamos é produto daquilo que consumimos, frequentemente moldado por fragmentos de opiniões, tendências e imagens extravagantes, ostentadoras que absorvemos diariamente de fontes variadas, que vão desde um recorte de informação da vida de figuras públicas e celebridades, conhecidos até familiares, anônimos e vários e outros meios.

Chega um momento em que percebemos que muitos dos objetivos aos quais nos apegamos são, na verdade, inadequados, incompatíveis com aquilo que se aproxima de uma vida leve que coloca um sorriso em nosso rosto. É como usar uma roupa de festa apertada para trabalhar todos os dias: encenamos uma postura de elegância dentro de um profundo desconforto, que certamente, em algum momento, passa a ser visível para os outros e muito dolorido para nós. Essa desconexão com a gente mesmo explica por que vemos tantas pessoas deprimidas que acordam com um nó na garganta, um peso no peito, lágrimas nos olhos e uma desesperança com a vida que levam. Cria-se uma construção mental que despreza o autocuidado. Cuidar-se parece algo supérfluo, passa a ser uma posição secundária para muitos. Prioriza-se, antes disso, a árdua tarefa de convencer as pessoas a acreditarem na imagem que desejamos passar sobre nós. Essa busca incessante pela validação externa, por sua vez, acaba sendo responsável pela incapacidade de avançarmos na direção de onde queremos chegar.

Somos mestres em nos desinteressarmos por nós mesmos, o nosso foco está no outro, naquilo que ele tem, faz ou realiza, e é dessa forma que desenvolvemos um olhar treinado para valorizar as coisas que nos faltam, não as que temos. Esse é um movimento perigoso, no qual não percebemos quais são, de fato, os papéis dos atores principais e coadjuvantes da nossa vida. Se nosso olhar privilegia o externo, a maioria das nossas prioridades, preocupações e necessidades é realmente nossa ou da imagem social que não conseguimos sustentar? Existe muita confusão durante esse percurso, às vezes nos tornamos máquinas programadas para ter o que todos têm, para percorrer um caminho que todos percorrem, acreditando que assim iremos cruzar a linha de chegada com aplausos, medalha e reconhecimento. Com isso, abandonamos tudo aquilo que mais amamos e de que precisamos. Como, então, aprender a ser feliz sem precisar de muito? Qual é o caminho? Por onde começar para se conhecer? Esse é um conflito que percebo nas pessoas que se interessam pelo tema da felicidade, contudo, desconfiam de uma possibilidade para alcançá-la sem a presença dos elementos essenciais ditados pela sociedade.

Rossandro Klinjey – Se a felicidade é uma norma imposta, como você sugere, Vanessa, estamos talvez navegando rumo a metas e objetivos, mas não necessariamente rumo à felicidade genuína. Imagine-se em uma carreira de sucesso, com reconhecimento e fama, atributos do sucesso contemporâneo. Contudo, se esses triunfos não ressoarem em nosso íntimo, eles se tornam ecos vazios em uma câmara de realizações sem sentido.

Essa desconexão é evidenciada pelo crescente número de indivíduos bem-sucedidos que publicamente admitem lutar contra crises e depressão. É uma situação que surge quando o destino é confundido com a felicidade, como se no fim do arco-íris houvesse um pote de felicidade. Na busca incessante por esse pote, muitos se perdem, violando princípios éticos, sacrificando relacionamentos e, por fim, se perdendo. Ao alcançar o suposto destino, descobrem que a jornada não trouxe o prometido.

Nesse contexto, é crucial aprendermos a valorizar os pequenos momentos de alegria cotidianos e, ao mesmo tempo, suportarmos os momentos de tristeza. Assim, se a felicidade é um padrão externo, podemos atingir metas, mas não necessariamente ser felizes. Essa é uma felicidade enlatada, vendida em cursos e livros que prometem fórmulas mágicas para a alegria.

No atual cenário, marcado por uma indústria da felicidade, buscam-se soluções rápidas e superficiais. Cursos de fim de semana prometem autoconhecimento instantâneo, mas muitas vezes falham em proporcionar transformações profundas e duradouras. Trata-se de um autoconhecimento efêmero, que se dissolve diante dos desafios cotidianos.

Autoconhecimento verdadeiro exige esforço, disciplina e coragem. É uma jornada complexa e dolorosa, que nos confronta com aspectos de nós mesmos que frequentemente negamos. Muitas pessoas oferecem ao mundo uma narrativa editada da realidade que vivem, omitindo fracassos e desafios, criando a ilusão de que a vida plena e feliz é um processo linear e sem obstáculos.

Antigamente, os jogos de *videogame* eram metáforas para a jornada da vida, em que cada fase superada representava um aprendizado consolidado, uma vitória sobre desafios. No entanto, na era atual, com a ascensão de plataformas como o YouTube, vemos a proliferação de atalhos. Influenciadores digitais com milhões de seguidores disseminam métodos para acelerar essas conquistas, encapsulando uma cultura que anseia por gratificações imediatas. Essa é uma geração sedenta pela felicidade instantânea, desejosa de colher os frutos sem apreciar a essência do plantio.

Nossos antepassados valorizavam o esforço e a paciência. Eles plantavam com a expectativa de colher no futuro, simbolizando uma felicidade postergada, uma recompensa pelo trabalho árduo. Essa visão de vida estava fundamentada na crença de que a felicidade era um estado a ser alcançado através de um processo longo e dedicado.

Em contraste, surgiu a geração dos *yuppies*,* personificando o desejo de colher imediatamente o que foi plantado. Essa geração buscou acelerar o ciclo de gratificação, equilibrando o esforço e a recompensa em um mesmo período de vida. Esse pensamento também se refletiu em aspectos espirituais, como na Teologia da Prosperidade, que propõe a ideia de desfrutar os prazeres celestiais aqui e agora.

No entanto, essa mentalidade de atalhos e gratificação instantânea traz consigo uma desconexão com a realidade do processo de vida. A geração atual, muitas vezes, busca a felicidade sem compreender a importância dos desafios, da

---

* Termo cunhado nos anos 1980, é uma abreviação de *young urban professional*, em referência a uma geração de jovens adultos ocupando cargos profissionais de destaque e bem remunerados. (N.E.)

paciência e do desenvolvimento gradual. Falta-lhe a habilidade de lidar com a infelicidade, o insucesso, e a capacidade de valorizar cada passo do caminho.

Para construir qualquer coisa de valor, existe um processo intrincado e desafiador. É essencial reconhecer que a felicidade não reside apenas no destino, mas na jornada em si. A verdadeira felicidade flui através do movimento contínuo de construção, consolidação e celebração de cada pequena vitória. Esse processo não é linear nem constante; é pontuado por altos e baixos, sucessos e fracassos, todos igualmente valiosos para o crescimento pessoal.

Em *Crime e castigo*,[*] de **Dostoiévski**, a trama entrelaça a busca por redenção e significado com a complexidade da experiência humana. Essa dinâmica é simbolizada nas reflexões de Raskólnikov, o jovem e atormentado protagonista, que lamenta: "Tudo está ao alcance das mãos do homem, mas ele deixa tudo escapar debaixo do seu nariz, pura e simplesmente por covardia". Sua derrocada faz com que Porfiry Petrovich, o astuto investigador encarregado do caso de Raskólnikov, conclua que: "A índole é um espelho, senhor, e o espelho mais transparente", sugerindo que a natureza humana reflete nossas escolhas e ações mais fielmente do que qualquer outro meio.

---

[*] Publicado originalmente em 1866. (N.E.)

Isso me faz pensar, Vanessa, que um aspecto crucial na jornada em busca da felicidade é o reconhecimento do poderoso impacto que as pessoas ao nosso redor exercem sobre nossas percepções e valores. O ser humano, por natureza, é um ser social e profundamente influenciado pelo contexto no qual está inserido. Nossas redes de relacionamentos atuam como espelhos, refletindo e, em muitos casos, moldando nossas concepções de felicidade e sucesso.

É essencial reconhecer que a felicidade não reside apenas no destino, mas na jornada em si. A verdadeira felicidade flui através do movimento contínuo de construção, consolidação e celebração de cada pequena vitória.

Por exemplo, se estivermos cercados por indivíduos cuja felicidade parece depender exclusivamente do consumo material ou da aparência física, é provável que esses valores comecem a se infiltrar em nossa própria definição de felicidade. Nesse cenário, a felicidade é erroneamente associada à posse de bens materiais ou à conquista de um ideal físico, o que pode levar a um ciclo interminável de busca por satisfação em elementos externos e superficiais.

Em contrapartida, se escolhermos nos cercar de pessoas que valorizam o crescimento pessoal, a empatia, a conexão genuína com os outros, e que encontram alegria nas coisas simples da vida, começamos a adotar uma perspectiva mais equilibrada e sustentável da felicidade. Essa escolha nos permite construir uma vida baseada em valores autênticos, alinhados com o nosso verdadeiro eu.

É essencial, portanto, sermos seletivos com as companhias que escolhemos. Devemos buscar relacionamentos que nos nutram, que nos desafiem positivamente e que ressoem nossos valores mais profundos. Ao fazermos isso, criamos um ambiente que favorece o nosso desenvolvimento integral, em que a felicidade não é medida por padrões impostos externamente, mas é uma expressão genuína do nosso ser.

Viver em um ambiente que não está alinhado com nossos valores essenciais pode levar a um sentimento de alienação de nós mesmos. Mesmo que alcancemos certos padrões de sucesso e pertencimento dentro desses grupos, se eles não ressoarem verdadeiramente o que somos, a felicidade que experimentamos será superficial e efêmera. Em última análise, estaremos vivendo uma vida que é mais um reflexo das expectativas dos outros do que uma expressão autêntica do nosso eu mais profundo.

A felicidade genuína, portanto, não é apenas uma questão de alcançar certos marcos externos, mas também de estar em sintonia com nosso verdadeiro eu e de escolher um ambiente que nutra e respeite esse eu. É um equilíbrio delicado entre a autoaceitação e a escolha consciente do nosso círculo social, um equilíbrio que nos permite florescer em nossa verdadeira natureza.

Lúcia Helena Galvão – Realmente, Rossandro, você tem razão, mas permita-me fazer um contraponto com a visão da Filosofia. É uma disciplina que tem outra abordagem. Costumo dizer aos meus alunos que, de acordo com a reação que temos diante de uma poça de água no chão, entendemos mais ou menos quem é o filósofo.

Existem três grupos na humanidade. Primeiro, o que se aproxima da poça, pisoteia a água, faz a maior sujeira e nem liga para isso, vai embora, não acha que seja problema seu. O segundo grupo é o do bem-intencionado. Ele pega o rodo, o detergente e limpa o chão todo. Porém a goteira continua caindo e, em instantes, a poça estará lá mais uma vez, para os alienados pisotearem novamente. Ou seja, a ação desse grupo, embora bem-intencionada, é paliativa. E existe um terceiro grupo que é o daqueles que, pelo menos, buscam a Filosofia. Estes, lógico, vão limpar o chão também, mas a primeira coisa que irão se perguntar é como a poça está se formando. Eles vão, então, olhar para cima e ver que existe uma goteira. Vão trocar a telha, calafetar o forro, consertar a goteira. Acabou a goteira, acabou a poça, acabou o problema.

Acho esse exemplo muito interessante porque a atitude, de fato, deve ser essa mesma, de olhar para cima. **Jorge Ángel Livraga** tem uma frase de que gosto muito, que diz: "Só o tolo acredita que as causas da miséria física estão no plano físico; as causas da miséria física sempre estiveram e sempre estarão na miséria psicológica, moral e espiritual do ser humano".

Aqui é simplesmente o lugar onde a miséria física se reflete. As pessoas almejam algo que é um objetivo social, e não o delas. É lógico que isso não vai trazer felicidade. Vamos imaginar que essas pessoas agora almejam um objetivo próprio e que será alcançado. Elas serão felizes realmente? Provavelmente, não.

Li um texto muito interessante que dizia que, segundos depois de a criança ganhar o brinquedo de Natal, a alegria já não era a mesma. É como aquela história de que o melhor da festa é esperar por ela. A tônica materialista é muito interessante porque as coisas causam uma ansiedade, mas, quando as possuímos, pensamos: "Ah, é só isso?". É como o cachorro correndo atrás do pneu de um carro. Quando o carro para, o cachorro não sabe o que fazer, porque aquilo é muito pouco para causar felicidade. A felicidade não pode estar ali, do contrário, ela será reduzida a um sinônimo de alegria, que são momentos. "O momento em que ganhei..." – os dez primeiros minutos são felicidade? Não, isso é alegria. É um estado muito passageiro, portanto, do mundo dual.

Felicidade, para mim, é um pano de fundo que pode estar presente seja qual for a cena apresentada no teatro da vida. Por exemplo, uma pessoa que acabou de perder um familiar. Ela pode estar feliz, embora triste. No teatro, todas as ações que ocorrem no palco vêm e vão, mas o pano de fundo que envolve tudo é sempre o mesmo. Por isso, para mim, felicidade é um estado, e não uma coisa fugaz. É um estado que se conquista a partir de uma proximidade de si próprio, de ter agido de forma coerente com seus valores, seus princípios e suas convicções. Não é aquilo que vemos em horóscopo ou nos temperamentos de Galeno,* mas um estado interno de estar quite consigo mesmo.

Sempre falo que algo que nos ajuda nisso é ter um razoável controle do pensamento. A primeira coisa que nos torna infelizes é o nosso pensamento alardeando ideias indesejadas o tempo todo. Ter um razoável controle do pensamento é fundamental.

Felicidade é um estado, e não uma coisa fugaz. É um estado que se conquista a partir de uma proximidade de si próprio, de ter agido de forma coerente com seus valores, seus princípios e suas convicções.

---

* Segundo o médico grego Cláudio Galeno (c. 130-200), o temperamento dos seres humanos poderia ser dividido em quatro grupos: colérico (impulsivo), melancólico, sanguíneo (otimista) e fleumático (apático). (N.E.)

Em segundo lugar, é preciso um sentido altruísta que justifique a vida humana, que esteja mais no campo do ser do que do ter. Eu, por exemplo, quero, como sentido de vida, a fraternidade e a justiça. Isso está comigo em cada momento que penso. Quando faço o meu diário à noite, avalio se o meu dia foi coerente com o meu sentido de vida. Se sou coerente com o meu sentido de vida no dia de hoje, quando não me traio, eu tenho um estado de felicidade. Eu tenho um dia digno de um ser humano. E esse dia digno de um ser humano é o meu pano de fundo. Podem ter passado situações tristes, trágicas e alegres pelo meu cenário, mas o pano de fundo não muda nunca. Só muda em uma condição: se eu traio a mim mesma. Portanto, é uma felicidade que só eu posso subtrair de mim.

Há casos históricos que mostram como isso é possível. **Alexander Soljenítsin**, famoso escritor russo, foi preso político do regime comunista soviético e passou 20 anos em exílio, mas mesmo ali encontrou tranquilidade e felicidade. Foi nesse cenário que ele desenvolveu sua obra-prima. Também **Giordano Bruno**, no cárcere da Inquisição,[*] teve suas visões mais brilhantes e inspiradoras. Ou seja, esse é um estado de felicidade que nada nem ninguém pode nos roubar, a não ser nós mesmos.

---

[*] Instituição criada dentro da Igreja Católica, durante a Idade Média, para julgar e punir aqueles que atentassem contra a fé. (N.E.)

Os estoicos falavam muito sobre isso. Eles chamavam esse estado de *eudaimonia*, que é como se fosse um *daimon*, algo divino, sagrado dentro de nós, um estado de paz. Algumas pessoas pensam que isso é indiferença, mas não é. Uma vez, disseram a **Sêneca**: "Você é um apático, não tem sentimentos". Ele respondeu: "Engano seu. Eu só tenho sentimentos". Ou seja, emoções são vibrações bem básicas; já os sentimentos são mais sutis, sóbrios, profundos e duradouros. Por isso Sêneca dizia que só tinha sentimentos.

Quando alguém tem um estado de paz, está no controle de seu cenário, em um estado de fundo que nada é capaz de tocar. Essa pessoa certamente deve ser feliz. Esse estado de paz que a acompanha em todos os lugares é um estado de uma felicidade que é suave e constante. A pessoa coincide consigo mesma. Ela pega seu diário à noite e escreve: "Eu tive um dia digno de um ser humano. Estou em paz com céus e terra".

Como se diz popularmente: "Eu mereço o sono dos justos", porque ela teve um dia digno de um ser humano. E as coisas acontecem e vão acontecer sempre porque o mundo é dual e as polaridades se alternam.

O *Caibalion** egípcio já dizia que os opostos se tocam. No extremo, os opostos se tocam. Em poucos minutos,

---

* Livro publicado originalmente em 1908, traz a síntese dos ensinamentos do hermetismo – prática filosófica que tem como base a compreensão de que cada ser humano faz parte do todo e que todos somos um só. (N.E.)

descobrimos que aquilo que obtemos, que desejamos tanto, não é tão bom quanto pensávamos. Quando despejamos a expectativa de felicidade em um objeto ou em uma situação, certamente aquilo vai causar frustração, porque a felicidade é muito maior do que isso.

Estamos condenados a nos frustrar muito rapidamente, quando alcançamos e quando não alcançamos o que queremos. Os dois estados são muito parecidos. Porque, na verdade, a felicidade não é um momento, não é obtenção de alguma coisa. Felicidade é uma condição interna, é um estado de espírito, que está ou não conosco. De vez em quando, podemos nos trair, nos perder, descer ao inferno, mas reconquistar, porque estamos no comando. Estamos em um estado de felicidade que é uma serenidade, uma alegria suave, como diziam os estoicos. Eu me lembro de uma vez em que passei por um carro muito antigo na estrada. O senhor que o dirigia estava todo orgulhoso. No vidro traseiro, era possível ler: "Contas todas pagas". Achei aquilo tão interessante! Ele estava quite. "Contas todas pagas", portanto, "estou feliz, não critique meu carro".

Rossandro – "Não fale mal do meu carro!"

Vanessa – Maravilhoso!

Lúcia Helena – Para mim, felicidade é mais ou menos isso: "Contas todas pagas". A conta que tenho comigo mesma, com meus princípios, com céu e terra, está paga. Eu tive um dia humano. Não desonrei meus propósitos, meu ideal em momento algum. Se eu não desonrei o meu ideal, ninguém me tira essa felicidade, só se eu a entregar. Isso, para mim, é profundidade.

Acho muito importante quando conquistamos esse grau de profundidade, porque existe uma relação de similaridade na natureza. De paralelismo, seria melhor dizer. Só quem encontra um estado profundo de felicidade pode ter relações e sentimentos profundos. Uma realização profunda. Quem é superficial em relação a si mesmo será superficial em relação a todas as coisas que se dispuser a fazer. Como alguém que está à flor da pele, superficial, vibrando junto com alegrias e tristezas fugazes, pode pretender um sentimento profundo? Porque o mundo é dual. A dualidade faz parte da lei do mundo. Sempre haverá alegrias e tristezas, e elas são passageiras, vibram de um lado para o outro. O mergulho profundo em si mesmo permite um mergulho profundo no outro, o estabelecimento de um laço que parece estar em outra dimensão além dessas circunstâncias turbulentas.

Existe um mundo que não é turbulento, onde estamos profundamente conosco. Podemos convidar pessoas para penetrarem esse mundo. Quando elas fazem isso, ficam ali para sempre, estejam vivas ou mortas, estejam em circunstâncias boas ou más, porque lograram ter esse encontro profundo. Isso se parece muito com aquilo a que se chama de amor platônico. É um encontro profundo de almas em um ambiente onde a turbulência da vida não chega. E, mesmo que chegue, é um estado de espírito muito apto a lidar com isso da melhor maneira possível. A melhor forma de resolver um problema não é se vestir dele, e sim observar de fora, para ter um ângulo de visão completo.

Vanessa – E a ciência traz isso em dados. A psicóloga **Sonja Lyubomirsky**, uma das principais figuras no campo da Psicologia Positiva, tem uma tese interessante sobre a relação entre felicidade e sucesso. Na contramão da crença tradicional de que o sucesso leva à felicidade, ela reuniu estudos que indicam que a felicidade precede e facilita o sucesso. Essa concepção explora que a felicidade influencia positivamente outras áreas da vida de uma pessoa. Ou seja, quando estamos felizes somos mais criativos, carismáticos, sociáveis, amáveis, e essas características aumentam a probabilidade de alcançarmos o sucesso em várias áreas.

Atualmente, existem pesquisas bem fundamentadas sobre felicidade com resultados concretos, mas, se não conseguirmos incorporar esses conhecimentos e transformá-los em um recurso, isto é, mudar a nossa mentalidade, ampliar a consciência em nossa vida, eles permanecerão apenas como informações científicas teóricas, sem aplicação prática.

Nesse sentido, destaco três itens como essenciais para a felicidade: *pessoas e relacionamentos* – o coração da felicidade está nas relações de confiança que construímos em nossa vida, é impossível imaginar realizações e uma vida de qualidade sem as pessoas que amamos por perto; *gostar do que fazemos* – isso nos proporciona satisfação pessoal, aumenta nossa sensação de capacidade, dá sentido às coisas que fazemos, satisfaz nossas necessidades psicológicas e nos leva ao estado de *flow*,[*] que é o mais alto nível de contentamento nas atividades que realizamos; *escolhas* – as decisões que tomamos todos os dias são como os degraus de uma escada, que podemos subir ou descer; cada escolha que fazemos se desdobra em consequências, boas e ruins, afetando diretamente a nós e, indiretamente, àqueles que nos cercam, por isso devem ser alinhadas com nossos valores, caso contrário, em vez de bem-estar, acumulamos arrependimentos, culpa e estresse.

Quando fui me preparar para as aulas sobre felicidade que ministro na Unicamp, mergulhei em muitos materiais e teorias desenvolvidas por **Martin Seligman**. Deparei com um estudo sobre a mentalidade pessimista, um grande empecilho para alcançar a felicidade. Todos nós temos um amigo com aquele viés mais para baixo, resmungão, incrédulo. Esse tipo de pessoa com o discurso negativo tem,

---

[*] Estado de fluxo. (N.E.)

na realidade, um padrão de pensamento pessimista. E esse padrão de pensamento incide totalmente nas ações, nos comportamentos dessa pessoa, na realização de vida dela. A professora Lúcia Helena deu o exemplo da poça d'água. O otimista vê o problema como algo temporário. Já o pessimista vê aquilo como permanente. Essa é a grande diferença de decisão. Quando a pessoa enxerga seu problema como permanente, sem solução, ela tem um discurso que diminui sua capacidade de realização: "Eu sou péssimo, nunca vou conseguir". Esse estilo de se autoafirmar é um padrão de pensamento que corrobora para que a pessoa tenha uma vida estreita em realizações. Trata-se de uma limitação que ela mesma se impõe nessa dinâmica, que, muitas vezes, também é influenciada por um pensamento coletivo do ambiente ao seu redor. **Freud** já escrevia sobre isso cem anos atrás.

Em seu livro *Psicologia das massas e análise do Eu*,[*] ele descreve que, sob a influência do coletivo, a nossa particularidade é desmontada, dando lugar ao contágio mental e a instintos primitivos. Quando a maioria das pessoas expressa a mesma opinião, é bem provável que falte estímulo para refutarmos, então seguimos o fluxo sem contestar. Estudos da Psicologia, como experimentos de **Asch** e **Milgram**, feitos décadas atrás, demonstraram

---

[*] Publicado originalmente em 1921. (N.E.)

que as pessoas tendem a concordar com um grupo e a lhe obedecer, mesmo quando isso contradiz suas próprias crenças. É interessante observar que, embora enfatizemos a importância do pensamento crítico e da tomada de decisões autênticas, frequentemente nos encontramos despreparados para lidar com opiniões divergentes quando estas surgem. A voz que questiona não agrada; ela incomoda, provoca, pode até frustrar, especialmente se vem de pessoas próximas, amigos, família. Eu não sei exatamente o que aconteceu, mas, de alguns anos para cá, nossa comunicação piorou significativamente, sobretudo diante das diferenças. Nós nos acostumamos a conviver com espelhos, com pessoas que pensam e se comportam exatamente como nós. Cada vez mais tenho visto que as divergências de opiniões costumam terminar em discussões que geram desafetos.

São as pequenas decisões de todo dia que têm grande impacto na realização e na qualidade de vida das pessoas. Embora possamos ter opiniões diferentes, temos a capacidade e o discernimento para decidir por não ceder às discussões vazias, ainda mais de forma deselegante, toda vez que escutamos algo que nos contraria ou quando nos posicionamos contra um argumento e somos provocados.

São as pequenas decisões de todo dia que têm grande impacto na realização e na qualidade de vida das pessoas.

Essa consciência acontece de uma maneira bem lenta. As pessoas demoram para perceber o que realmente importa, e principalmente que somos um objeto separado do coletivo. Enquanto isso não acontece, vamos apanhando da vida, que é uma professora exigente. Ela repete as mesmas lições incansavelmente até que sejam aprendidas, assimiladas.

Escolher com base naquilo que tem valor para nós é um compromisso com a nossa identidade, e é justamente isso que faz com que as pessoas sejam diferentes umas das outras. E essa individualidade está cada vez mais rara. Estamos vivendo no padrão coletivo, na alienação do todo. Todo mundo anda na mesma direção, quer a mesma coisa, o mesmo destino, e deseja parar no mesmo lugar.

A beleza da individualidade reside em aceitar as nossas imperfeições, e encarar o processo de descoberta e escolha. Na Psicologia, ensinamos como é importante fazer isso. Cada vez que conseguimos dizer "não" – o que, talvez, desagrade ou fruste a expectativa de alguém –, fortalecemos nossa autenticidade. Esse ato carrega um grande significado, pois nos faz compreender razões por trás de nossas recusas.

Na clínica, vemos muitos pacientes sofrendo, deprimidos, amargurados com essa dificuldade, dizendo "sim, sim, sim" quando, na verdade, queriam dizer "não, não, não". Essa incapacidade de verbalizar suas reais intenções leva a um sufocamento de desejos autênticos. Mais adiante, quando percebem que estão infelizes, olham para trás e falam: "Não queria ter feito desse jeito. Não queria ter passado por cima daquela pessoa, este lugar me faz mal. Não é essa a história que gostaria de ter escrito para mim". Ao ignorar as próprias necessidades e desejos profundos, aumenta-se a sensação de insatisfação e descontentamento com a vida.

Além de compreender esses aspectos importantes através da racionalidade, existe uma intuição que ressoa dentro de nós e nos orienta a tomarmos decisões corretas, bondosas, fraternas. Essa sensibilidade não surge espontaneamente; ela é forjada através das experiências que vivemos e da importância que damos a nossa essência. Portanto, as escolhas são fundamentais para nos aproximar cada vez mais das coisas que acreditamos, e fortalecer a conexão com nossa identidade.

Ser fator de soma no mundo

Rossandro – A busca pela felicidade perene, como destacado pela professora Lúcia Helena, é um desafio em um mundo em constante mudança, onde frequentemente enfrentamos uma gangorra de emoções. Essa procura por uma leveza indiferente às flutuações externas ecoa na metáfora da poça d'água mencionada pela professora: alguns a atravessam, outros a limpam e há aqueles, como o filósofo, que buscam entender sua origem.

Quando a professora trouxe esse exemplo, comecei a refletir sobre o papel do psicólogo nesse cenário. A questão emergente é: a quem o psicólogo está prestando assistência? Está ele atendendo a pessoa que meramente atravessa a poça, a que está ativamente limpando o chão, ou aquela que já possui a perspicácia para compreender como a poça se forma? Essa indagação conduz a outra ainda mais introspectiva: "Em qual estágio eu me encontro?".

Em tese, um profissional que se dedica ao cuidado do outro já transcendeu o estágio de apenas passar pela poça. No mínimo, ele se encontra no processo de secá-la, demonstrando uma postura não mais indiferente ao problema. Inicialmente, o foco tende a recair sobre o problema superficial, o elemento tangível e imediatamente perceptível. No entanto, é o aspecto intangível, muitas vezes oculto, que verdadeiramente elucida o que é tangível, lhe conferindo significado.

Todavia, a sociedade moderna frequentemente desencoraja a autoconsciência, promovendo distrações e fugas, como maratonas de séries ou uso de substâncias, para evitar enfrentar o "deserto da vida". Porém, como aponta a professora Lúcia Helena, é essencial experienciar e aceitar esses momentos de introspecção para alcançar uma felicidade mais autêntica e duradoura.

Lembro-me da música "Amar como Jesus amou", de **padre Zezinho**, que ilustra uma perspectiva cristã sobre a felicidade, em que amar o outro e servir a ele, como fez Jesus, é visto como um caminho para a realização. Essa ideia ressoa a noção de transcender o ego e se conectar com algo maior que nós mesmos.

A minha busca, similar à abordada pela professora Lúcia Helena, é por um sentimento de dever cumprido, não perante o mundo, e sim comigo mesmo. Reconheço que essa jornada não é simples; contudo, é essencial, acolhida e vivida. Apesar de reconhecer que muitas pessoas ainda estão distantes desse nível de autoconsciência, visto que transitam indiferentes pela poça, alheias tanto à sua origem quanto à sua responsabilidade de secá-la ou mitigar o vazamento, eu persigo esse caminho de autocompreensão e responsabilidade pessoal.

Considere, por exemplo, uma pessoa traída em um relacionamento e, como consequência, desenvolveu a crença de que toda a humanidade é infiel. Essa pessoa se refugia na máxima: "Não quero mais me envolver com ninguém". Ela se encontra imobilizada por uma dor que a define tão profundamente que parece impossível se libertar dela. Nessa situação, é necessário que, às vezes, a dor se intensifique para impulsionar o indivíduo a sair de sua zona de conforto. Esse fenômeno assemelha-se à Síndrome de Estocolmo,[*] na qual algumas pessoas se identificam tão fortemente com a dor que ela se torna uma companhia familiar, até confortável, e o medo de abandoná-la impede a busca por mudança e crescimento pessoal.

Vanessa – Vira um relacionamento estável com a dor.

---

[*] Condição em que a vítima desenvolve um laço emocional com seu agressor. (N.E.)

Rossandro – De fato, como Vanessa salientou, um marco significativo no processo de amadurecimento relacional ocorre quando o indivíduo aprende a dizer "não" e a estabelecer limites claros entre sua identidade pessoal e as incessantes demandas sociais. Esse entendimento de que tais demandas são externas e não intrínsecas ao indivíduo é crucial, levando a uma forma de indiferença não pela ausência de sentimentos, mas por uma escolha consciente de não se deixar afetar indiscriminadamente por influências externas. Esse é o estágio que discutimos aqui, um passo em direção à felicidade duradoura.

Nesse processo de autenticidade, experimentamos a dor inerente à conquista da autonomia, que surge de diversas maneiras. Uma delas, bastante comum e que pessoalmente vivenciei e continuo vivenciando na busca por maior autonomia, é a sensação de perda de pertencimento. O coletivo frequentemente nos seduz com uma sensação de pertencimento, mesmo que seja ilusória, superficial ou inautêntica. Professora Lúcia Helena nos orienta a buscar um sentido de pertencimento que não esteja atrelado à volatilidade do mundo, mas ancorado em valores mais estáveis e éticos, muitas vezes em contraste com a noção de felicidade promovida pela sociedade.

Vanessa ecoa a necessidade de selecionarmos cuidadosamente as pessoas que nos cercam, pois podemos acabar rodeados por aqueles que apenas atravessam a poça, ignorando as questões mais amplas do mundo, como as crises ecológica e climática. Tal postura nos leva a confundir felicidade com estados passageiros de alegria e euforia, como a professora Lúcia Helena apontou. É a grande ilusão materialista: sempre desejando algo mais, nunca satisfeitos com o que já possuímos.

Para romper com essa ilusão e alcançar um nível de consciência mais elevado, não devemos nos deixar levar pela superexcitação dos sentidos. Em vez disso, devemos ponderar: "Quero contribuir, quero ser parte da solução, quero entender a origem do problema". Nosso *Zeitgeist* atual, ou espírito do tempo, traz padrões tanto bem disfuncionais, e é nosso dever refletir: "Quem sou eu neste contexto? Estou apenas observando a origem da goteira, limpando o chão ou atravessando a poça sem consciência?". Assim, devemos buscar o controle sobre nossos pensamentos e nossas emoções, direcionando-os para um entendimento mais profundo de nós mesmos e do mundo ao nosso redor.

Na Psicologia Cognitivo-Comportamental, destaca-se a tríade cognitiva, que descreve a interconexão entre pensamentos, emoções e comportamentos. Segundo essa perspectiva, nossos pensamentos influenciam diretamente nossos sentimentos, que por sua vez moldam nossos comportamentos. Ao enfrentarmos sentimentos de tristeza sem a compreensão clara de sua origem, é vital investigarmos os pensamentos subjacentes que podem estar impulsionando isso, pois podemos terminar projetando nossas emoções não resolvidas nos outros. Isso ocorre como um mecanismo de defesa, no qual, em vez de enfrentarmos nossa própria dor e assumirmos a responsabilidade por ela, buscamos aliviar nosso sofrimento através da projeção. Esse comportamento pode se manifestar como críticas, julgamentos ou até atos de hostilidade direcionados aos outros, mas, na realidade, são reflexos da dor interna que estamos tentando evitar. Desse modo, é crucial identificar os pensamentos que alimentam essas emoções e desenvolver estratégias para lidar com elas de maneira saudável e construtiva, evitando projetá-las nos outros. Isso não apenas alivia nossa própria dor, mas também impede que perpetuemos ciclos de sofrimento e mal-entendidos em nossos relacionamentos.

Em síntese, a meu ver, o cerne da nossa discussão é que alcançar um estado de felicidade mais duradouro e menos suscetível às variações externas depende fundamentalmente do nível de consciência individual. Contudo, esse objetivo representa um desafio significativo em uma sociedade que, dia após dia, parece empenhada em nos manter em um estado de inconsciência. É uma jornada que exige não só o reconhecimento da influência externa em nossa vida, mas também uma dedicação contínua ao autoconhecimento e ao crescimento pessoal.

Lúcia Helena – Tenho algumas colocações sobre isso, Rossandro. Imagine que vamos consertar um veículo que não sabemos qual é. Antes de pegarmos a peça para trocar, precisamos saber que veículo é. É um avião? Um automóvel? Um helicóptero? Temos que ler o plano geral da obra antes de atuar sobre os detalhes. E a Filosofia conversa com pessoas que queiram começar a encarar os seus problemas, só que do macro para o micro. Vamos primeiro ver qual é o fundamento daquilo. Qual é o plano da obra? Aonde se quer chegar com aquilo?

Por exemplo, Vanessa falava de capacidade de escolhas. Não existe a possibilidade de termos uma escolha acertada sem um sentido de vida claro que justifique toda a nossa existência. Imaginem que eu esteja me movendo por uma sala e pergunte: "Estou caminhando na direção certa ou na direção errada?". O que vocês me diriam?

Rossandro – "Para onde você quer ir?"

Lúcia Helena – Exatamente. Íntegro, corrupto, bom, mau – todos os valores do mundo só existem a partir do momento em que sabemos aonde queremos chegar: o que nos leva para lá é certo; o que nos afasta, errado. O que é o certo e o que é o errado para quem não quer chegar a lugar nenhum?

Não existe o certo e o errado nessas condições, e a escolha se baseará no gosto popular ou no capricho emocional de quem escolhe. O grande problema é que já estamos tão afastados de nós mesmos que não sabemos o que é pior: alienar-se seguindo a multidão ou alienar-se sozinho. Porque o canal de TV que esses dois grupos estão vendo é muito parecido.

Platão e **Aristóteles** tinham um ponto de discordância. Platão dizia: "Saibam a planta da obra, o esqueleto da obra. Depois, vá colocando as peças no lugar que lhes corresponde" – trata-se do método dedutivo. Já Aristóteles falava: "Não, você vai colocando as peças e no final descobre o que é a obra" – esse é o método indutivo. Considero aqui não a forma aristotélica, mas o método dedutivo platônico. Ou seja, devemos primeiro ver o que estamos fazendo aqui como seres humanos, aonde queremos chegar com nossa vida como um todo, para saber o que fazer agora.

Algo que uso bastante e que considero fundamental para visualizarmos a conduta ideal em cada momento é imaginar estar em seu último dia de vida. Que tipo de ser humano você quer ter construído, que seja sua obra-prima? O que você quer ser, nesse momento? A partir daí, você começa a direcionar o seu dia de hoje.

Funciona da mesma maneira que o arquiteto que desenha a planta da casa, e o mestre de obras que, quando vai trabalhar, tem que olhar para a planta, para a obra pronta, para saber o que fazer hoje. Quando colocamos o objetivo de nossa vida no campo do ser, como um valor, uma virtude humana, um ser humano melhor que queremos chegar a ser, percebemos que tudo vai se encaixando no lugar certo. Aquilo que é passageiro não tem mais tanto peso na nossa vida. Já aquilo que está em função de algo mais definitivo, que está nos esculpindo, isso tem maior valor. Aprendemos a hierarquizar a nossa vida. A maneira de nos relacionarmos com as pessoas se transforma, crescendo em bases mais sólidas.

Existe uma frase que diz: "Certifica-te de que és fator de soma para as pessoas de cujas vidas participas". Ou seja, fundamental para nós seria não viver em vão, e sim olhar para trás e ver que saímos um pouco melhor do que éramos quando entramos neste mundo. Perceber que as pessoas à nossa volta se tornaram melhores porque estiveram conosco. A nossa vida, quando entrou em contato com a delas, trouxe algum benefício, elevou a consciência dessas pessoas, e o mundo também se tornou um pouquinho melhor porque nós existimos. Ou seja, fizemos diferença, não vivemos em vão.

Quando o outro incomoda, é pessimista ou chato, não deveria pensar: "Como vou me livrar disso? Ele vai me impedir de estar bem". Penso: "Como posso ajudar a resolver ou diminuir esse problema dele?". Porque o mais saudável é quem auxilia o mais frágil. Se tenho uma identidade clara e quero chegar a um determinado lugar, se estou

Fundamental para nós seria não viver em vão, e sim olhar para trás e ver que saímos um pouco melhor do que éramos quando entramos neste mundo. Perceber que as pessoas à nossa volta se tornaram melhores porque estiveram conosco. constantemente alimentando essa identidade, sou eu que vou fazer essa pessoa menos pessimista, e não ela que vai me fazer mais pessimista. E, se ela é pessimista, estou no lugar certo, porque é onde precisam de mim.

Esse gosto de ousadia, de saga, se assemelha ao conceito de felicidade de **Homero** e **Hesíodo**. Eles também traziam um pouco desse sentido quase heroico, de saga, para a felicidade. Eu quero ir onde existe a necessidade, portanto, não fujo das coisas que me trazem algum tipo de incômodo ou que, de alguma maneira, podem me afetar. Não me coloco "entre algodões" e escolho apenas o agradável: a humanidade não é uma vitrine, mas um conjunto de pessoas que, de uma forma ou de outra, precisam ser ajudadas.

Eu quero ser, como dizia Platão, um ser humano de ouro. E o que significa isso? Vamos tomar como exemplo uma aliança de ouro. Depois de décadas em meu dedo, ela permanece dourada como no primeiro dia. Por quê? Porque o ouro tem uma identidade tão forte e definida que nem a pele humana é capaz de mudar as suas características. Se fosse outro metal em contato com a pele humana, já estaria desgastado. E Platão falava de um ser humano de ouro, tão definido por dentro que o elemento externo não é capaz de adulterá-lo. Ele é quem muda o elemento externo. Já houve seres humanos assim: **Sócrates, Galileu Galilei**, Giordano Bruno... Não é algo de outro mundo, que só seria possível para pessoas muito além do humano. É um referencial a alcançar.

Para organizarmos a nossa vida, precisamos começar por um plano geral. Eu quero ser uma pessoa sólida, cuja passagem no mundo possa ser um fator de soma. Isso é fundamental. **Elisabeth Kübler-Ross**, que foi uma grande médica paliativista, dizia que, ao nos depararmos com a morte, a grande diferença, a grande obra da nossa vida, é o que conseguimos construir em nós mesmos. Podemos trazer essa consideração para o meio da vida, e não a deixar para quando for tarde demais para mudar alguma coisa. O momento é este: "O que estou transformando em mim mesma? O que estou construindo em mim mesma? E, por consequência, o que estou construindo nas pessoas à minha volta?".

O que percebo é que a palavra de ordem no mundo é "egoísmo", e não querer agradar o outro. A tradição tibetana já falava sobre isso, que o maior mal do mundo é a heresia da separatividade. É egoísmo, mesmo nas atitudes em que parece que a pessoa está se colocando em segundo lugar. Por exemplo, quando a pessoa diz "sim, sim, sim" para alguém, mas, no fundo, não é porque ela esteja abrindo mão de si pelo outro: é porque existe, nessa relação, algo de valor para ela, do qual ela não abre mão. Por exemplo, querer ser amada a qualquer preço. Querer ter alguém ao lado a qualquer preço, para fugir da solidão e para testemunhar a sua experiência. Ou seja, é algo que ela valoriza. Não é pelo outro, é por ela mesma. Por trás de muitas atitudes que parecem ser de autossacrifício, na verdade, em muitos casos, existe egoísmo. Por trás de todos os nossos erros, no geral, existe o egoísmo. Às vezes, tenho a impressão de que dizer para uma pessoa: "Pense mais em você mesma", no momento histórico em que estamos vivendo, é um tipo de reforço tão óbvio quanto dizer a um macaco para pensar mais em banana. Porque o egoísmo é a grande doença do nosso tempo.

É difícil encontrarmos um problema em que ali, por trás da última máscara – porque vamos arrancando as máscaras dos nossos problemas –, não esteja o egoísmo. Portanto, precisamos ter muito cuidado com essa questão do eixo da vida, da tônica. Estamos aqui para ser fator de soma. Estamos aqui para fazer diferença na vida das pessoas à nossa volta, para construir a nós mesmos e, por consequência, através do nosso exemplo, ajudar a construir os demais. Esse é um eixo, e as coisas se apoiam nisso.

Antigamente, acreditava-se que as pedras das pirâmides no Egito eram colocadas uma em cima da outra. Mas descobriu-se que não, que a primeira coisa que os egípcios faziam era o eixo central. Depois, as pedras eram apoiadas nesse eixo.

Somos seres humanos, e o ser humano é, por natureza, fraterno e altruísta. Por natureza, é alguém que busca sabedoria, empatia. Se eu buscar a mim mesma, a minha própria natureza, tudo o mais será dado por acréscimo. E não abro mão disso, de cultivar os meus valores. Por isso, precisamos ter muito cuidado quando alguém nos diz: "Pense mais em você". Qual é o você de que se está falando? Não é esse eu legítimo que está dentro da pessoa, essa natureza que se realiza ao beneficiar o mundo, mas a máscara da personalidade que não quer nada de muito trabalhoso; ela quer caprichos.

Então, vamos dizer "não" para o outro e "sim" para uma personalidade que quer jogar tudo para o alto e ficar o ano todo na beira da praia. Pode ser que dizer "sim" ao outro seja mais nobre, pois implica uma ação de generosidade. Se não trabalharmos nossa natureza humana, não saberemos encontrar as melhores decisões.

Rossandro – Concordo plenamente, professora. O que critico é a abordagem superficial que tem sido frequentemente adotada, especialmente em "cursos de fim de semana". Essa superficialidade nunca foi a intenção original nem da

Filosofia nem da Psicologia, cujos campos são intrinsecamente profundos e complexos. É lamentável e preocupante que ferramentas de autoconhecimento e desenvolvimento pessoal essenciais tenham sido reduzidas a produtos comerciais, muitas vezes desprovidos de sua verdadeira profundidade e significado.

Por isso concordo, professora, sobretudo com sua ênfase na importância de sermos inalteráveis em nossa essência, como ouro, e na necessidade de sermos uma influência positiva e ativa na vida dos outros, evitando cair na armadilha da separatividade. Essa visão encontra eco no poema atribuído a **são Francisco de Assis**: "Senhor, fazei de mim um instrumento de vossa paz". Aqui, a mensagem é clara: nosso propósito deve transcender o ego, servindo aos outros e ao mundo com uma postura de humildade e amor.

Erich Fromm, em seu livro *A arte de amar*,* oferece uma perspectiva valiosa que complementa essa visão. Ele faz a distinção entre o amor infantil, que busca o amor como uma forma de validação – "Amo porque sou amado" –, e o amor maduro, que é altruístico e desinteressado – "Sou amado porque amo". No amor maduro, a necessidade não é uma dependência, mas uma expressão de sinceridade: "Preciso de você porque te amo".

---

* Publicado originalmente em 1956. (N.E.)

Mas o que vemos hoje é um tipo de "Terapia do Ego", em que as pessoas buscam a validação de seus discursos de vítimas, perpetuando um estado infantil de não responsabilidade. Isso é evidenciado no manejo inadequado da "criança interior", quando as pessoas, em vez de integrar e amadurecer essa parte de si, a abraçam de forma egocêntrica e imatura.

Em nossa sociedade, observamos frequentemente uma dicotomia problemática em relação à culpa e à responsabilidade. Por um lado, há uma tendência a se afundar em uma culpa acusatória e paralisante, um estado no qual as pessoas se veem como vítimas permanentes de circunstâncias externas, incapazes de se moverem além dos erros ou das injustiças que percebem ter sofrido. Essa visão acusatória da culpa leva à imobilidade, impedindo o indivíduo de aprender com as experiências passadas e de crescer a partir delas.

Por outro lado, evita-se a responsabilidade de maneira quase sistemática, um fenômeno que alimenta o que pode ser descrito como um "complexo de Peter Pan"[*] coletivo. Nesse contexto, a maturidade é constantemente evitada, e os indivíduos buscam permanecer em um estado de adolescência prolongada, fugindo dos desafios e das responsabilidades que acompanham a vida adulta. **Lya Luft**, ao cunhar o

---

[*] Referência ao personagem que se recusa a crescer. (N.E.)

termo "adultescente", captura essa essência de adultos que, embora cronologicamente maduros, escolhem permanecer emocional e psicologicamente estagnados, presos em padrões de comportamento adolescentes.

Essa resistência à maturidade e à aceitação de responsabilidade pessoal tem implicações profundas tanto para o indivíduo quanto para a sociedade. Ela cria uma cultura em que o crescimento pessoal é limitado e os desafios da vida são vistos não como oportunidades para desenvolvimento, mas como ameaças a serem evitadas. Isso resulta em uma incapacidade coletiva de enfrentar problemas complexos e de participar ativamente na construção de soluções sustentáveis e maduras para os desafios que enfrentamos como comunidade.

Portanto, a verdadeira filosofia, como a professora Lúcia Helena tão eloquentemente demonstra, não é apenas um exercício intelectual, mas um caminho para uma vida mais plena e significativa. É através do reconhecimento e da superação do egoísmo e dos infantilismos inerentes que poderemos construir um futuro no qual a humanidade conseguirá progredir para além de suas limitações atuais.

Estar verdadeiramente com o outro

Vanessa – Tudo o que falamos até aqui está dentro do contexto das relações humanas. Se prestarmos atenção, veremos que, basicamente, nossos problemas de relacionamento têm em seu cerne o esconder, o sufocar, o negar aquilo que sentimos e queremos falar. Particularmente, sinto falta de conhecer gente de verdade, que fale, por exemplo, como é difícil ganhar dinheiro, que casamento é complicado e que conte histórias reais de uma vida normal. Estamos esgotados da ideia de alta performance, de que todo mundo tem uma vida incrível – ou pelo menos aparenta ter. Não há como fugir do superficial, porque a conversa é superficial. Dias desses, desisti de ouvir um *podcast* até o final, porque diziam que é muito fácil fazer o primeiro milhão. Pensei: "Será que moro em Marte?". A superficialidade leva a uma competição intensa entre as pessoas, e vai ficando insuportável viver e conviver. Nós, seres humanos, somos ambivalência. Somos céu e inferno, na mesma pessoa. Somos certeza e dúvida, prazer e dor, na mesma pessoa. E o que acontece é que, em determinado momento, escolhemos uma *persona*. A professora Lúcia Helena falou anteriormente em máscara – a gente escolhe uma para se identificar, e precisa ser essa pessoa. Com isso, deixamos de contradizer algo que possa desvalidar essa personagem que montamos para nós. E essas relações ultrapassaram o ambiente de trabalho, onde sempre existiram. Porque, no trabalho, existe uma alta pressão para o sucesso e uma baixa tolerância para erros. Isso transforma as interações sociais em competição, o que não abre espaço para que as pessoas se mostrem vulneráveis, e por isso reprimem aspectos importantes de sua personalidade.

 Mas as relações agora estão assim na intimidade da família. É triste ver que o superficial virou o comum. As relações florescem sobre os alicerces de confiança, proximidade, autenticidade e vulnerabilidade. E é tão importante ter um amigo de confiança! As coisas mais lindas que vivenciei em minha existência vieram de pessoas que me surpreenderam com um gesto de simplicidade. Mas nós estamos perdendo essa beleza em nome da alta performance. A natureza humana se sufoca com isso.

As experiências significativas e marcantes que atravessamos são essenciais para nossa construção pessoal, mas também nos exigem um alto custo emocional. Elas dissolvem a ilusão sobre a quantidade e a qualidade das nossas relações. Todas as pessoas que invalidam nosso sofrimento e nossas dores não são elegíveis para receber nossos afetos. Os superficiais nunca estão dispostos a ouvir, querem apenas falar.

Lúcia Helena – Vanessa, uma coisa que acho interessante notarmos é que, na raiz dos nossos problemas de relacionamento, de maneira muito profunda, existe o fato de que nós não estamos interessados em aprender nada com o outro. Nós nos sentimos donos da verdade. O conhecimento não é interessante para nós. Acho um absurdo como o *Homo sapiens* pode não gostar do conhecimento. Nós vemos, por exemplo, uma pessoa que vai fazer o vestibular, e o conhecimento de tudo o que aprende no meio do caminho é um estorvo para ela. Se ela pudesse chegar à cadeira universitária sem esse estorvo, tanto melhor. Ou seja, para essa pessoa, o conhecimento é um meio e, se houvesse um jeito de não passar por ele, tanto melhor.

Platão dizia que o maior impedimento para saber alguma coisa é realmente achar que já se sabe. Quando achamos que sabemos, não aprendemos mais nada. Não temos ânimo de aprendiz, não temos conhecimento da nossa limitação – é o "só sei que nada sei", de Sócrates. Não temos a curiosidade profunda e vital de entender o mistério que está dentro dos olhos do outro, de perceber que o ser humano é o maior milagre da Terra, um mistério profundo. Qualquer ser humano tem um universo por trás dos olhos. Portanto, é preciso realmente ter essa curiosidade vital, saber que nada sabe, querer ver o mundo pelo olhar do outro, pela vida do outro, para obter mais um ângulo desse prisma. Querer crescer, fazer a dialética hegeliana: tese, antítese e síntese, ter esse ânimo de aprendiz, esse amor pelo conhecimento. Não é à toa que Sócrates (segundo se fala, porque ele não deixou nada escrito) dizia que felicidade consistia na busca da sabedoria. Ou seja, buscar o tempo todo uma gota a mais de sabedoria, estar sempre procurando se aprofundar e querendo saber. Nós, hoje, não temos muito esse interesse. Achamos que já sabemos o suficiente e não queremos mais nada. Não pensamos que o outro é um mistério.

 É interessante como não nos olhamos mais nos olhos. É tudo muito superficial. Certa ocasião, estava saindo com o meu carro e um menino veio me pedir algumas moedas. Eu realmente não tinha nenhuma naquele momento, mas parei, olhei para ele e disse: "Filho, hoje a tia não tem, mas da próxima vez eu dou". Ele saiu saltitando. A impressão que tive é de que ele precisava mais de um olhar que o visse e o considerasse como ser humano do que de uma moeda.

As pessoas não penetram no olhar umas das outras porque não estão interessadas no que está lá dentro. Usam o outro para preencher uma necessidade que é delas, como eu dizia ainda há pouco. Por uma carência afetiva, por medo da solidão, usam o outro para preencher esse espaço, para que ele seja testemunha dessa *egotrip*, para que a vida delas não passe em vão. É aquele mesmo egoísmo do qual falávamos. Falamos com as pessoas e percebemos que elas não estão nos ouvindo, estão apenas esperando o intervalo para despejar seu conteúdo em nós. Não têm mais curiosidade para o aprendizado.

O relacionamento humano é uma maneira fantástica de trazer à tona aquilo que somos e ajudar o outro a ver o que ele também é. De descobrir esse mistério fantástico que cada ser humano representa. De ampliar aquela visão limitada de que só se aprende nos livros.

Vanessa – Li uma entrevista do professor e neurocientista **Michael Merzenich**, em que se discutia um paradoxo contemporâneo relacionado à longevidade humana; uma contradição, pois enquanto avanços científicos e médicos têm tornado possível uma vida humana mais longa e saudável, muitas pessoas, depois da meia-idade, ficam menos dispostas a enriquecer a própria vida explorando novos aprendizados.

Lúcia Helena – Estamos sem senso para penetrar as coisas que estão ao nosso redor. É uma sociedade que não está fundamentada em valores. Quantas máximas, quantos chamarizes, quantas frases feitas totalmente destituídas de valores existem à nossa volta? E as pessoas aplaudem isso. As coisas mais bizarras são colocadas como se fossem válidas, e todo mundo aplaude.

Rossandro – É verdade, por isso a capacidade de criticidade que a Filosofia nos oferece é essencial. Atualmente, vivemos em uma sociedade pouco reflexiva, onde a reação imediata a uma frase impactante é frequentemente compartilhá-la no Instagram. No entanto, quando alguém, munido de um nível um pouco mais elevado de reflexão, oferece um comentário discordante – mesmo que educado e bem fundamentado –, há uma tendência de rotulá-lo como um *hater*.* Mas, na realidade, essa pessoa pode estar apenas nos convidando a considerar uma perspectiva diferente.

De certa forma, quando falamos em felicidade, estamos falando de uma experiência que começa em nós mesmos, em nosso amor-próprio, que repousa solidamente sobre a pedra angular da aceitação. Amar-se genuinamente emerge unicamente quando nos acolhemos em nossa essência mais autêntica, reconhecendo e abraçando cada fragmento do nosso ser. Tal jornada para a aceitação plena exige uma

---

* Termo usado na internet para designar pessoas que publicam comentários de ódio em relação a algo ou alguém. (N.E.)

profunda imersão em nós mesmos, um mergulho corajoso nas águas do autoconhecimento. É nessa busca incansável de se descobrir, de sondar os recônditos de nossa alma, que o autoconhecimento se revela não apenas como um caminho, mas como a própria base, o alicerce inabalável para construção de uma felicidade real.

Na essência dessa jornada humana, é a coragem que nos guia através das sombras do medo e da conformidade. É ela que nos desafia a explorar as profundezas ocultas de nosso ser, onde jazem virtudes e verdades adormecidas, veladas pelo desejo de aceitação e pelo temor do desconhecido. A coragem nos convida a uma dança com nossa autenticidade, a desvendar a crua realidade de quem somos. É com ela que enfrentamos o espelho da alma, encarando cada aspecto, cada sombra, cada luz com igual reconhecimento e aceitação. Ela nos ensina a acolher nossa totalidade, a abraçar cada fragmento de nossa existência com honestidade e integridade.

Não vejo a possibilidade de felicidade sem a precedência da maturidade. A maturidade nos transforma em pessoas autorreferentes, como o eixo da pirâmide mencionado pela professora Lúcia Helena, sustentando toda a estrutura. Ela emerge da busca pelo conhecimento e pelo autoconhecimento. Na Psicologia, isso se traduz na figura do indivíduo autoapoiado e autorregulado. Contudo, devido aos padrões patológicos infantis predominantes em nosso mundo, muitas pessoas não alcançam essa maturidade.

Proponho uma reflexão sobre um de nossos sintomas de imaturidade e, portanto, de desconhecimento e estranhamento de quem somos: o uso abusivo das redes sociais, um fenômeno recente que intensificou a comparação entre as pessoas, embora a comparação seja um tema recorrente na sociedade humana. Antigamente, as pessoas se comparavam às deidades gregas esculpidas em mármore. Com a invenção do cinema pelos **irmãos Lumière**, essas deidades ganharam forma humana, ainda que distantes, em filmes de Hollywood ou em novelas feitas no Rio de Janeiro. Mas, hoje, com a ascensão das redes sociais, essa comparação se tornou mais intensa e angustiante, pois vemos pessoas comuns, como nossos vizinhos, postando a vida no Instagram. Talvez esse seja um desafio para finalmente nos libertarmos dessas referências externas dolorosas e voltarmos a ser quem realmente somos.

Enquanto a superficialidade e a comparação excessiva prevalecem, estudos, como os apresentados no livro *A fábrica de cretinos digitais*,[*] do neurocientista francês **Michel Desmurget**, diretor de pesquisa do Instituto Nacional de Saúde da França, indicam que as novas gerações podem ser menos inteligentes que as anteriores. Isso é atribuído, em

---

[*] São Paulo: Vestígio, 2021. (N.E.)

parte, ao uso exagerado das redes sociais, caracterizado por uma falta de profundidade, reflexão e desejo de adquirir conhecimento.

Precisamos também questionar a educação contemporânea. Conversando com a professora Lúcia Helena, ela me falou da Nova Acrópole* e de como a Filosofia pode ser trazida para o cotidiano. Frequentemente, o conhecimento acadêmico se torna inacessível, privilegiando a complexidade em detrimento da compreensão e da prática. A educação, em vez de ser um caminho para o saber, tornou-se para muitos um processo doloroso de memorização, sem espaço para leitura crítica, diálogo e construção de conhecimentos.

Por isso, é incrível termos este diálogo, uma conversa rara e enriquecedora. Quantas pessoas têm a oportunidade de participar de uma troca como esta, de aprender, perceber e ser provocadas? A educação deveria tornar a aquisição de conhecimento uma jornada prazerosa, e não algo doloroso.

Um aspecto crítico que merece atenção é que, na arte da comunicação humana, há um elemento frequentemente negligenciado, porém essencial: a capacidade de ouvir verdadeiramente. Nossa sociedade ruidosa se assemelha a um oceano tempestuoso de vozes, no qual cada onda busca se elevar acima das outras. No entanto, quando alguém

---

* Organização internacional filosófica criada em 1957 e presente em mais de 50 países, incluindo o Brasil. (N.E.)

me pergunta como conquistar o coração de outra pessoa, eu sugiro que se torne um porto seguro nesse mar agitado. Ouvir atentamente, com um olhar que penetra a superfície e alcança as profundezas da alma do outro é como acender um farol em noites de tempestade. Não se trata apenas de ouvir para responder, mas de ouvir para entender, para absorver a essência do outro. Escutar não é apenas um ato de cortesia; é uma oportunidade de crescimento.

Aprende-se a escutar escutando-se – foi assim com a minha própria luta contra o *déficit* de atenção e hiperatividade. Embora tenha sido um obstáculo, ele também se transformou em uma fonte de humildade e um motor para o aprendizado contínuo. Em vez de me deixar definir pelas dificuldades, optei por encará-las como uma oportunidade de aprimoramento constante. A baixa autoestima, tão comum em pessoas com TDAH, me fez deparar com uma dor, e só com um diálogo interno eu pude encontrar forças para transformar a adversidade em um professor inesperado, já que esse sentimento de não me sentir capaz me deu humildade de sempre buscar aprender mais e mais. Da mesma forma, acredito que mesmo os aspectos mais desafiadores de nossa personalidade podem ser transformados em ferramentas pedagógicas, conduzindo-nos ao amadurecimento.

Considere a experiência de conversar com estranhos em um voo de avião. Esses encontros fortuitos podem oferecer lições valiosas. Por exemplo, uma vez, uma pessoa me abordou com uma história de dor profunda. Em vez de tentar oferecer respostas prontas, eu escolhi ouvir. Essa abordagem revelou não apenas a história do outro, mas também as minhas próprias vulnerabilidades. A verdadeira conexão humana exige que nos abramos para a vulnerabilidade, que muitas vezes é mal interpretada como fraqueza, mas, na realidade, é uma demonstração de força e autoconhecimento. Essa experiência reforçou que escutar é, por vezes, o maior presente que podemos dar a alguém, especialmente quando a vida o envolve em nuvens de tristeza.

Além disso, se um diálogo casual em um voo pode ser tão enriquecedor, imagine o impacto de absorver conhecimento através de livros, palestras e debates. Essa busca por conhecimento não deve cessar com a idade; pelo contrário, deve se intensificar. Por isso eu, ao contrário da pesquisa apresentada por Vanessa, que aponta uma perda de interesse em aprender após os 40 anos, vejo em minha própria experiência uma crescente paixão pelo aprendizado. É o prazer do processo, a satisfação de terminar o dia com mais sabedoria do que se começou, algo que a professora Lúcia Helena tão bem nos convida a entender, o valor do processo, da jornada, do crescimento.

No entanto, vivemos em uma época em que a gestão da atenção é tão crítica quanto a gestão do tempo. Nossa era digital transformou a paisagem da atenção humana em um terreno fragmentado, onde somos constantemente atraídos por inúmeras distrações, como borboletas por flores coloridas. As redes sociais, com seu desfile incessante de notificações e atualizações, são como um labirinto onde facilmente nos perdemos.

Em 2004, uma pesquisa da professora **Gloria Mark**, da Universidade da Califórnia, lançou luz sobre nosso comportamento compulsivo com *e-mails* e redes sociais, comparando-o à atração exercida pelas máquinas caça-níqueis. Essa necessidade incessante de gratificação por meio de nossos celulares, aos quais recorremos centenas de vezes ao dia, é sustentada pelo que se conhece como Comportamento Reforçado Aleatoriamente. É uma dinâmica que reflete nossa busca constante por recompensas instantâneas, uma expectativa que nos mantém presos a um ciclo de checagens repetitivas.

Essa realidade aponta para uma geração excessivamente focada na gestão do tempo, mas negligente na gestão da atenção, uma questão igualmente crucial. Os estudos de Mark revelam como as tecnologias de informação impactam nossa questionável capacidade multitarefa, nossa atenção, nosso humor, bem como nossos níveis de estresse. Vivemos em um estado de atenção parcial crônica, prometendo constantemente "só mais um minutinho" antes de nos dedicarmos inteiramente a alguém ou algo.

Na Psicologia moderna, o valor é dado à presença total – ter alguém que se dedica inteiramente a nós, mesmo que por um momento. Essa necessidade de conexão autêntica, de atenção plena e de intimidade emocional deveria ser comum em todas as relações, seja com um parceiro, seja com um amigo ou um familiar.

No entanto, a busca por uma presença genuína tornou-se um desafio em um mundo onde nossa atenção está constantemente fragmentada. Precisamos aprender a redirecionar nossa atenção, não apenas para melhorar nosso próprio bem-estar, mas também para fortalecer nossas relações interpessoais.

Por isso, é fundamental adotarmos medidas individuais para não permitirmos que as mídias sociais dominem nossas vidas, enquanto também reconhecemos e combatemos seu impacto nocivo na sociedade.

A busca por uma presença genuína tornou-se um desafio em um mundo onde nossa atenção está constantemente fragmentada. Precisamos aprender a redirecionar nossa atenção, não apenas para melhorar nosso próprio bem-estar, mas também para fortalecer nossas relações interpessoais.

A maturidade e o autoconhecimento são essenciais não apenas para o crescimento individual, mas também para contribuir com o desenvolvimento coletivo. E nessa busca pela sabedoria, é essencial recordar que o autoconhecimento não é um lago tranquilo, mas um oceano vasto e em constante mudança. Devemos abraçar não apenas a serenidade das águas calmas, mas também as tempestades e correntezas que desafiam nossas crenças e nos levam a crescer. Cada livro que lemos, cada palestra que ouvimos, cada conversa que partilhamos é como uma onda que nos leva mais adiante em nossa jornada. Aprender é navegar, é descobrir novos horizontes dentro de nós mesmos e no mundo ao nosso redor.

Mas não podemos esquecer que enfrentamos um desafio coletivo: transformar o mar de informação digital em um recurso que enriquece, não que empobrece. A sabedoria adquirida deve ser uma luz que ilumina não só o nosso caminho, mas também o caminho dos outros. Como seres conscientes em um mundo interconectado, nossa responsabilidade vai além do autoconhecimento; estende-se à contribuição para um despertar coletivo e uma jornada compartilhada em direção à maturidade e ao entendimento mútuo, ou seja, um conhecimento que não melhore apenas a nós mesmos, e sim, por extensão, a sociedade.

Lúcia Helena – Concordo, Rossandro. As redes sociais realmente são algo sobre o qual deve ser tomada alguma medida de cautela para proteger, sobretudo, os jovens. Mas também há um outro lado, que eu gostaria de expor.

As redes sociais nada mais são do que uma forma requintada de fuga da vida. Fugir da vida sempre teve as suas rotas. Sempre. Existem pessoas que estão tão entediadas e tão enfastiadas da própria vida que, se tirarmos as redes sociais, a televisão, os jornais, fogem até com sinais de fumaça. Pois a vida é tediosa e insuportável, e temos que buscar uma fantasia que nos permita suportar a realidade e continuar.

Há uma pesquisa muito interessante, não tão antiga, em que se selecionou uma amostragem de pessoas vivendo em grandes cidades, em várias partes do mundo. Perguntou-se a elas o que seria uma vida feliz, e o resultado identificou, em uma parcela significativa das respostas, um padrão de consumo que poderíamos definir como o de um homem norte-americano mediano. Agora, imagine multiplicarmos o padrão de consumo de um homem norte-americano mediano pelas oito bilhões de pessoas que somos no planeta? Isso é inviável! Bem, se a tão desejada "felicidade", nesta vida, é até matematicamente inviável, temos que fugir dessa realidade, temos que nos desdobrar em alguma rota de fuga e fantasia, seja a telenovela, sejam às vezes a droga e o alcoolismo, sejam as redes sociais.

Recordo que, muitos anos atrás, eu trabalhava com um grupo de pessoas e, certo dia, elas conversavam a respeito do que tinha acontecido com alguém: "Nossa, vocês viram, que lamentável? Como está sendo sofrido para ela. Ela não merecia isso". Fiquei preocupada: será que ocorreu algo com o parente ou o amigo de alguém conhecido? Será que eu poderia ajudar? O sofrimento daquelas pessoas era vívido e real. Então, eu me aproximei do grupo e perguntei: "Aconteceu alguma coisa grave? Será que posso ser útil? De alguma maneira posso ajudar?". Aquelas pessoas voltaram-se para mim, surpresas, e disseram: "Nossa, você é muito alienada mesmo! Você não sabe que a Maria Lúcia é uma personagem da novela das oito? Você não viu o que aconteceu no capítulo de ontem?". Fiquei impressionada pela "realidade" da preocupação e até mesmo do sofrimento envolvido na abordagem da história. Aquelas pessoas precisavam daquilo, talvez porque suas histórias particulares não oferecessem nada digno de nota. Então, diante dessa "demanda", a cultura pavimenta mais e mais rotas de fuga. Se não houver as redes sociais, as pessoas vão se agarrar à inteligência artificial, e ao que vier depois dela. Já há quem utilize o ChatGPT[*] como psicólogo, inclusive.

Enquanto o ser humano não se sentir feliz com o que estiver vivendo, ele vai buscar uma rota de fuga, das mais

---

[*] Ferramenta de inteligência artificial capaz de criar narrativas e responder a dúvidas, oferecendo soluções. (N.E.)

simples às mais *high-techs*. Há que aprendermos a amar a vida, a "colori-la", ou melhor, a ver as cores fantásticas que ela oferece.

Viver o tempo presente

Vanessa – Viver, observar o tempo presente é uma das maneiras mais perfeitas de nos conhecermos e melhorarmos como pessoas. Capturamos momentos de uma sinceridade, de uma genuidade na ação daquilo que estamos vivendo, que jamais irão se repetir. Eu tive experiências muito particulares depois da morte da minha mãe. Passei a ver a vida no tempo presente, foi um chacoalhão na minha existência.

Começamos a perceber mudanças profundas quando prestamos atenção ao que estamos vivendo. São momentos de delicadeza que nos permitem observar gestos sutis e afetuosos das pessoas ao nosso redor. É uma sensação de acolhimento que sentimos em nosso coração quando percebemos esforço genuíno de ajudar com atos de gentileza. São sutilezas que muitas vezes vêm de pessoas desconhecidas, mas que não passam despercebidas.

Quem é psicólogo tem esse olhar um pouco mais treinado para observar, capturar esses momentos de delicadeza em meio ao caos. Hoje, estamos todos ocupados, com pouca disposição para nós mesmos e para os outros, vivendo na maioria do tempo alienados na velocidade de demandas. A dedicação solitária de alguém destoa, mas sempre tem uma pessoa que vai nos surpreender de forma compassiva e no melhor sentido possível.

Para prestar atenção ao tempo presente e aproveitar os detalhes que nos emocionam, temos que observar onde estão nossos pensamentos. Uma mente ansiosa, que vive no futuro, ou amargurada, que rumina o passado, jamais se deleitará com o presente, pois não está verdadeiramente ali. Questionar nossas percepções ajuda a desenvolver uma mente mais aberta e a apreciar diferentes perspectivas.

Falávamos que vivemos em uma sociedade destituída de valores. Às vezes, faço palestras em escolas sobre o combate à violência, e a pauta dos valores é sempre presente. Muitos pais dizem: "Em casa, mando meu filho fazer isto ou aquilo". Mas mandar, comandar ou dar uma instrução não significa transmitir valores. Só que o entendimento, muitas vezes, é esse, de que um comando é absorvido, capturado como um valor. Não é. O nosso comportamento transmite valores aos nossos filhos, as experiências práticas vão ensiná-los também, e a forma como conduzimos as interações com as pessoas é fundamental nesse processo. Valor é alicerçado em exemplos e consolidado em nossas escolhas.

No dia a dia, extraímos lições preciosas sobre valores, mais do que em qualquer livro. Há uma distinção clara quando observamos pessoas que vivem em sintonia com esses valores e aquelas distantes deles. Quem está distante precisa desesperadamente de distrações, preenche o tempo com qualquer futilidade para fugir da tristeza, do vazio e da falta de objetivos que tomam conta de seu ser. Já quem vive essa conexão consigo mesmo – porque os valores são algo que carregamos dentro de nós, algo que parte de nós –, consegue ser autêntico, tem uma direção e sabe que há um caminho a percorrer. Pessoas assim consideram as pequenas experiências inseparáveis desse processo e valorizam isso.

Às vezes, chegamos em casa e percebemos: "Nossa, meu dia poderia ter sido comum se eu não tivesse visto isso". Essa percepção nos alimenta de alguma forma. E é importante ter isso como referência de existência para que a gente se compare de uma maneira positiva: "Que bacana o gesto daquela pessoa, eu quero fazer algo melhor também. Quero poder exercitar esse meu lado".

Nos estudos sobre felicidade, há muitas técnicas, como *mindfulness* e meditação, que trazem essa perspectiva do viver no tempo presente. Permitir-se estar inteiro é uma grande oportunidade que a vida nos dá para melhorarmos como pessoas.

Lúcia Helena – É importante entendermos que ter um ideal ou sentido de vida, do qual falei tanto, deve ser uma referência de direção, e não um objeto de ansiedade. Só há uma forma de nos aproximarmos do ideal humano, que é somando momentos ideais. Precisamos fazer deste momento um momento ideal. Se tomarmos a vida como uma linha contínua, nenhum ponto é superior ou inferior a outro, todos possuem o mesmo grau de oportunidade. Ou seja, para chegarmos ao ideal humano, temos que somar vários momentos ideais a partir de agora.

Dentro da Filosofia, uma das coisas interessantes a desenvolver é a visão simbólica. Não é difícil constatar que a natureza é pedagógica; a lição é dada, mas ocorre como se tivéssemos perdido uma aula, porque passamos desatentos. Em um dia comum, eu estava puxando a água para o ralo na área externa da minha casa, e, como o contrapiso foi feito de uma maneira muito irregular, há um ponto que ficou mais baixo, onde a água se acumula e se mistura com a terra; eu tentava puxar a água para o ralo, que ficou em um nível mais alto. De repente, percebi que é exatamente isso que faço com a minha consciência todos os dias: puxo-a para um ponto mais elevado, mas, se perco a atenção, ela vai descer para um ponto mais baixo e, em geral, poluído. O ofício de viver consiste, entre outras coisas, em estar atento e sempre buscar elevar a consciência para um ponto onde queremos que ela esteja: um canteiro de ideias válidas e humanizadoras.

Como Vanessa falou anteriormente, há muita reflexão nas pequenas coisas à nossa volta, como o comportamento do cachorrinho e a flor que nasce no jardim. A vida está cheia de coisas para nos ensinar, não só o comportamento humano, mas o comportamento de toda a natureza. E é como se fôssemos um observador ausente quando deixamos que se perca o foco na vida a cada momento.

> **O ofício de viver consiste, entre outras coisas, em estar atento e sempre buscar elevar a consciência para um ponto onde queremos que ela esteja: um canteiro de ideias válidas e humanizadoras.**

Rossandro – Essa observação constante da vida cotidiana, em um momento simbólico, capturou minha atenção. Em um dia tranquilo, enquanto eu me perdia em pensamentos na varanda do meu apartamento, minha esposa me despertou para a beleza escondida: "Você viu essa orquídea?". Meus olhos seguiram até a flor e, encantado, perguntei: "Que maravilha! Quando floresceu?". "Há cerca de dez dias", foi a resposta. A revelação foi um choque suave: eu passara todos aqueles dias alheio à sua presença. Assim como o ouro, lembrado pela professora Lúcia Helena, a orquídea mantinha sua essência inabalada, indiferente à minha percepção. Não entrou em crise existencial pela minha falta de atenção; continuou a ser orquídea, embelezando minha varanda com sua presença silenciosa e elegante. O verdadeiro prejuízo era todo meu, pois fui eu quem perdeu nove dias de contemplação dessa beleza singela.

Sêneca, em sua sabedoria atemporal, observou que a verdadeira arte de viver reside em habitar plenamente o presente. No entanto, nossa sociedade contemporânea, como descrito por **Byung-Chul Han** em *Sociedade do cansaço*,[*] está presa em uma corrida frenética rumo à produtividade e ao esgotamento. Assim, a ansiedade se torna nossa companheira constante, uma sombra que obscurece nossa capacidade de desfrutar o momento.

A reclamação comum de falta de tempo é, em essência, uma desconexão do presente. Muitos de nós estamos ancorados no passado, com seus ressentimentos e suas saudades, ou presos no futuro, encarcerados pela ansiedade. Mas, ao vivermos o aqui e agora, descobrimos que o tempo é suficiente. A poça que se forma no chão, por exemplo, pode ser um espelho do nosso estado de consciência, um

---

[*] Petrópolis: Vozes, 2015. (N.E.)

convite para notar as belezas simples que frequentemente nos escapam.

Durante o isolamento da pandemia, redescobri o jardim do meu condomínio, uma área verde que sempre esteve ali, mas que eu nunca havia realmente visto. Essa redescoberta me fez valorizar a beleza tanto sob a luz do sol quanto sob a iluminação noturna, um lembrete de quantas maravilhas ignoramos em nosso cotidiano.

A consciência desperta apenas quando nos detemos para contemplar o presente. Semelhante à metáfora da goteira citada pela professora Lúcia Helena, nossa tarefa não se limita a enxugar o chão, mas a entender a origem da poça. Em meu consultório e agora nos cursos de desenvolvimento pessoal que ministro, frequentemente me deparo com indivíduos que se assemelham a navegantes em um mar noturno, atingidos por ondas invisíveis. O despertar da consciência é como acender um farol em meio a essa escuridão oceânica, iluminando as águas para revelar a fonte dessas ondas turbulentas. Alguns se assustam com a visão clara dos desafios e se apressam em apagar o farol, enquanto outros buscam uma luz mais forte e constante, aprendendo a navegar através das ondas até compreenderem que, por vezes, são eles próprios que agitam o mar.

Quando Vanessa aborda a relação entre felicidade e a importância de estar plenamente presente, ela ressalta que a vida nos convoca para este exato instante. A vida é um convite constante e persistente para que nos engajemos completamente no momento atual.

Vanessa – É só o que temos.

Rossandro – Exatamente. E, aqui, a observação da professora Lúcia Helena sobre como a cultura nos oferece rotas de fuga é crucial. Como foi dito, as redes sociais são mais uma dessas rotas de fuga. Talvez sejam a mais fantástica e incrível porque elas nos dão prazer imediato, nos superexcitam, nos distraem profundamente, dizem possuir uma variedade de coisas, mas é tudo mais do mesmo. No fim, não estamos vivendo o presente.

Pais que acreditam não ter tempo para os filhos podem estar, sem perceber, delegando à escola um papel que é intrinsecamente deles. Proponho um desafio: dediquem apenas 10% do tempo que passam no celular aos filhos, a si mesmos ou ao seu relacionamento, e observem as transformações que ocorrem. É um convite a viver corajosamente o presente, aproveitando o tempo para fazer as coisas realmente importantes acontecerem.

Lúcia Helena – Com certeza. Perde-se sempre muito com rotas de fuga. O essencial da vida se perde.

Outro ponto que eu gostaria de destacar aqui é a questão da competição. Acho curioso observar que todo padrão de sucesso da nossa sociedade é ganhar *sobre*, e não ganhar *junto*. Sempre brinco: imagine que uma pessoa vá contar para um colega que venceu uma maratona de rua. Ela diz: "Tirei o primeiro lugar". "Meus parabéns!", diz o outro: "Quantos concorrentes havia?" "Mil concorrentes." "Em que lugar eles terminaram?" "Todo mundo terminou em primeiro lugar. Todo mundo ganhou." Acaba a graça, pois, para a nossa sociedade, a vitória só tem valor se houver 999 derrotados, sobre os quais a pessoa ergue o seu sucesso.

Acho inviável pensarmos em felicidade se não aprendermos a ganhar junto. E isso se coloca em todas as esferas. Estamos competindo dentro de casa, com o companheiro ou companheira. A competição é uma constante. A pessoa sempre tem que se destacar às custas de alguém que fracassou. Sempre. Não há possibilidade de ganhar junto, e essa é uma das coisas que torna a felicidade um elemento ainda mais remoto. Por isso, precisamos ter uma educação de base, desde a criança, para reformar um tipo de pensamento que já está muito infiltrado.

Rossandro – É verdade. Tem um projeto social de que faço parte, professora, chamado Fraternidade sem Fronteiras.[*]

---

[*] Organização humanitária sediada no Brasil, mas com atuação internacional. Tem como objetivo erradicar a fome, acolher pessoas em situação de vulnerabilidade social e promover a paz. (N.E.)

Lúcia Helena – Eu também faço parte.

Rossandro – Verdade, você também faz parte desse lindo projeto. Wagner Moura, o visionário por trás da Fraternidade sem Fronteiras, compartilhou comigo uma história iluminadora de uma de suas viagens à África. Em um ato singelo, um dos caravaneiros ofereceu um chiclete a uma criança em meio a um círculo de quinze. Esperava-se que a criança, como um pássaro que encontra uma semente rara, voasse para longe para saborear seu presente sozinha. No entanto, para surpresa de todos, ela dividiu o chiclete em quinze pedaços, distribuindo-os como um jardineiro que reparte suas sementes entre diversos solos. Cada criança recebeu um pedaço, tecendo um mosaico de partilha e unidade.

Posteriormente, em uma dinâmica de grupo, foi prometida às crianças uma caixa de chocolate ao vencedor de uma corrida. Mas, como pássaros migrando juntos, elas se deram as mãos e cruzaram a linha de chegada como um só. Quando perguntadas sobre o porquê de não competirem individualmente, a resposta foi uma lição: "Que prazer há em saborear a vitória sozinho?".

Essa narrativa contrasta fortemente com a competição que muitas vezes vivemos em nossa sociedade. A dura realidade é que, muitas vezes, ficamos cegos pelas sombras que negamos em nós mesmos. Eu acreditava que a competição era uma característica dos outros, até me ver refletido nesse espelho. Entendi que muitas das minhas conquistas brotaram da competitividade incentivada pela sociedade, como um rio que flui impulsionado pela chuva. Mas, hoje, essa correnteza não me traz mais prazer; ao contrário, me inunda de angústia. A vontade de superar os outros se esvaiu de mim, fruto de uma maior autocompreensão. Agora, diante da competição, eu abro mão, permitindo que outros sigam seu curso. "Pode ir, é seu", digo, pois descobri que a verdadeira vitória é aquela que compartilhamos, não a que conquistamos sozinhos.

Um estudo[*] envolvendo cerca de seis mil advogados revelou que fatores tradicionalmente associados ao sucesso na advocacia, como altos salários e posições de prestígio, não estão correlacionados com a felicidade e o bem-estar. Advogados em empregos públicos, ganhando menos, reportaram ser mais felizes. Além disso, esses profissionais do setor público consumiam menos álcool e apresentavam níveis de satisfação com a vida semelhantes aos de seus colegas mais bem remunerados. O estudo sugere que trabalhos de maior prestígio nem sempre satisfazem elementos psicológicos chave para a felicidade, como competência, autonomia e conexão, que são encontrados em empregos no serviço público.

---

[*] Lawrence S. Krieger e Kennon M. Sheldon. "What makes lawyers happy? A data-driven prescription to redefine professional success". *George Washington Law Review*, v. 83, 2015, pp. 554-627.

Um outro estudo* revelou que metade dos participantes escolheram um salário 50% menor para garantir que ganhassem mais do que seus colegas. O estudo perguntou aos participantes se prefeririam ganhar US$ 50.000 enquanto outros ganhavam US$ 25.000, ou US$ 100.000 com outros ganhando US$ 200.000. Surpreendentemente, metade dos participantes escolheu a primeira opção, apesar de significar um salário menor para si mesmos.

Esse resultado destaca como as decisões humanas são frequentemente baseadas em emoções e *status* relativo, em vez de lógica. Indica uma preocupação com a posição na sociedade e um desejo de manter ou melhorar o *status* relativo em comparação com os outros. O estudo sugere que mudanças que ameaçam a posição social de uma pessoa são vistas como negativas, enquanto aquelas que melhoram essa posição são vistas como positivas. Isso pode explicar a resistência a novas ideias e a preferência por manter o *status quo* em organizações, nas quais a posição relativa é conhecida e mais controlável.

O anseio de não apenas prosperar, mas de superar os outros, revela uma busca incessante por uma superioridade ilusória. Como a professora Lúcia Helena sabiamente

---

* Sara J. Solnick e David Hemenway. "Is more always better? A survey on positional concerns". *Journal of Economic Behavior & Organization*, v. 37, n. 3, 30 nov. 1998, pp. 373-383.

observou, essa jornada rumo ao "mais" é infinita e insaciável. Sempre existirá alguém com maiores conquistas, mais beleza ou mais inteligência. Contudo, há aqueles que brilham em sua autenticidade, não por uma corrida contra os outros, mas por uma busca intrínseca de melhorarem a si mesmos. Eles representam uma beleza, inteligência e bondade que emanam de um compromisso genuíno com o autodesenvolvimento, não como uma medalha conquistada na competição, mas como uma expressão natural de sua existência.

A decisão de se desvencilhar dessa competição implacável e se concentrar no aprimoramento pessoal, sem a sombra do outro, é uma escolha que transforma. Ela marca a diferença entre viver uma vida pautada pela comparação constante e uma existência moldada pelo crescimento e pela autenticidade pessoal. É nessa mudança de perspectiva que reside a verdadeira plenitude, não na superação dos outros, mas na transcendência de nossas próprias limitações.

Lúcia Helena – Acho que isso revolucionaria a sociedade. É um elemento fundamental.

Rossandro – Realmente, mudaria muito todo o jogo.

Ser referência

Vanessa – Nós precisamos reconhecer o momento singular em que nos encontramos hoje. Estamos diante de um cenário emocional muito desafiador, diferente de tudo que já vivenciamos. Observamos uma deterioração global da saúde mental, as gerações mais jovens, em particular, estão experimentando níveis de ansiedade e sintomas depressivos em escalas nunca vistas. Estudos[*] registraram um aumento significativo nos relatos de sintomas de ansiedade e depressão entre os jovens a partir de meados da década de 2000, o que coincide com a popularização dos *smartphones* e das redes sociais. Esse mesmo período apresentou uma

---

[*] Jean M. Twenge e W. Keith Campbell. "Associations between screen time and lower psychological well-being among children and adolescents: Evidence from a population-based study". *Preventive Medicine Reports*, v. 12, 2018, pp. 271-283.

notável diminuição nas interações sociais presenciais entre adolescentes. O que eu quero dizer é que estamos testemunhando a história ser desenhada em tempo real, bem na nossa frente, sem a possibilidade de recorrermos a referências do passado para compreendermos plenamente esse período de desencontros e incertezas nas relações humanas. O que demanda uma reflexão profunda sobre nossas práticas sociais e nossos valores culturais.

Na escola, por exemplo, precisamos olhar para os professores de outra forma. Esses profissionais estão esgotados – eu não disse cansados. O esgotamento mental é algo que corrói as camadas mais profundas do nosso bem-estar, mina a vitalidade e leva a uma fadiga crônica, o que impacta diversas áreas da vida, incluindo decisões importantes no âmbito pessoal e na carreira, relações sociais, além de trazer problemas de autoestima e um sentimento intenso e crescente de desesperança no que fazem. É assim que vejo os professores, sobrecarregados ao extremo por exigências para as quais não foram preparados, obrigados a conviver com uma realidade que nunca lhes foi proposta, mas imposta, tais como gerenciar questões psicológicas complexas dos estudantes e lidar com o aumento exponencial da violência dentro das escolas.

Os efeitos das relações sociais na saúde mental são suportados por diversas pesquisas da Psicologia. Na área profissional, não temos a liberdade de escolher as pessoas com quem compartilharemos nosso dia a dia, e a maioria das pessoas também não pode escolher onde vão trabalhar, o que torna o ambiente de trabalho um local crítico, que pode somar à nossa qualidade de vida ou diminui-la. Os professores estão imersos em um cenário muito dramático neste momento, é preciso aumentar a conscientização das pessoas para que as coisas sejam diferentes. Esses profissionais, que são pilares essenciais na transformação humana, frequentemente ouvem que sua profissão é uma missão, uma vocação, impulsionada pelo amor. Essa perspectiva, embora valorize o caráter essencial de seu trabalho, frequentemente os coloca em uma posição na qual se espera sempre mais de suas responsabilidades, sem o devido reconhecimento ou justa compensação. A realidade desses educadores é marcada pela exigência constante que transcende suas obrigações profissionais. Além disso, estão submetidos a um ambiente moldado por um conjunto de diretrizes inflexíveis, delineadas de cima para baixo, que restringem significativamente sua autonomia e liberdade pedagógica.

 A ausência de espaço para questionamento ou diálogo sobre normas, métricas, avaliações, modelos de aulas, entre outras imposições, apenas intensifica o cenário de rigidez e aumenta a sensação de impotência e frustração. Sabe-se, por meio de estudos de meta-análise,* que muitas vezes o ambiente pode ter um impacto mais significativo em nossa saúde mental do que a influência de traços de personalidade individuais. Ou seja, mesmo pessoas com personalidades resilientes ou otimistas podem ter problemas de saúde mental se estiverem inseridas em ambientes de trabalho estressantes. O que vemos hoje são educadores diante de um dos desafios mais complexos e crescentes de adoecimento mental entre jovens e crianças, um fenômeno que as pedagogias tradicionais – como as propostas por **Montessori**, **Vygotsky** e **Piaget** – são insuficientes para romper as barreiras da chamada "geração do quarto". Sem falar na violência extrema que deixa todos nós atônitos. Mortes dentro das escolas, inclusive, de bebês.**

Em minhas palestras e capacitações pelo Brasil, recebo inúmeras perguntas de professores experientes que relatam suas inseguranças sobre como intervir adequadamente em casos corriqueiros de conflitos escolares, ou de enfrentamento e desrespeito de alunos com o professor em sala de aula, devido à preocupação de que suas ações possam ser consideradas

---

*   Stephen Stansfeld e Bridget Candy. "Psychosocial work environment and mental health: A meta-analytic review". *Scandinavian Journal of Work, Environment & Health*, v. 32, n. 6, 2006, pp. 443-462.

**   Em 2021, três crianças e duas funcionárias morreram após ataque a uma escola de educação infantil na cidade de Saudades, em Santa Catarina. Em 2023, na cidade de Blumenau, no mesmo estado, quatro crianças foram mortas por um homem que invadiu a creche onde elas estavam. (N.E.)

inadequadas e levar a possíveis hostilidades por parte das famílias ou da própria administração escolar. Essa situação coloca os professores em uma posição muito vulnerável, desprovidos de autoridade, evidencia o baixo controle que possuem sobre as próprias tarefas, aponta a ausência de diretrizes claras e apoio para intervenções no ambiente escolar, além de revelar uma lacuna na formação docente para lidar com questões que estão além da Pedagogia.

Ao falar sobre educação de valor, devemos levar esse contexto em consideração para conseguirmos avançar. A responsabilidade de transmitir valores centrais não pode ser atribuída ao ambiente escolar como tem sido feito; os valores são construídos coletivamente entre família, escola e contexto social no qual o indivíduo está inserido. É assim que se fundamenta o alicerce dessa construção. Devemos levar em conta todos os elementos que influenciam o desenvolvimento de uma pessoa, que se trata de um processo contínuo. A família serve como modelo primário para nossos comportamentos e nossas virtudes, a construção desses

A responsabilidade de transmitir valores centrais não pode ser atribuída ao ambiente escolar como tem sido feito; os valores são construídos coletivamente entre família, escola e contexto social no qual o indivíduo está inserido.

valores dentro de casa ocorre pelo compartilhamento de experiências significativas e, dentre todas, o amor é a maior delas. Aprendemos sobre princípios morais e éticos durante as pequenas celebrações em família, nos momentos de conflito, na prática constante de uma comunicação aberta, no estabelecimento de limites claros e por meio de atitudes empáticas e generosas.

Participei de um evento de educação,[*] no qual tive acesso a alguns dados atualizados e a informações do setor educacional que chamam muita atenção. Aqui no Brasil, nós temos alguns sistemas governamentais de avaliação que coletam informações e medem a qualidade do ensino no país, como o Prova Brasil. Esse instrumento nos ajuda a compreender, por meio de avaliações diagnósticas, quais áreas precisam de aprimoramento. Profissionais da educação, incluindo professores e diretores, participam indicando condições de trabalho, entre outras informações do ambiente educacional. Oitenta por cento dos gestores que contribuíram para esse sistema relataram a implementação de trabalhos socioemocionais nas escolas em que atuam.

O Grupo de Estudos e Pesquisas em Educação de Moral (Gepem) da Unicamp, juntamente com outros pesquisadores, colaborou em uma pesquisa conduzida pela Unesp que

---

[*] 18º Educação e Protagonismo – Violência nas Escolas, Campinas/SP, 2023. (N.E.)

convidou escolas a reportar suas experiências positivas de educação valorosa.* Mais de mil amostras foram coletadas. Os pesquisadores investigaram, então, quais delas funcionavam efetivamente: de mil experiências consideradas vitoriosas, menos de 2% eram realmente eficazes. Esse resultado foi atribuído ao fato de que os profissionais alocados dentro das escolas em trabalhos de combate ao *bullying* e educação de valores não receberam formação para isso; apesar de bem-intencionados, eles buscavam inspiração em ações isoladas. Outro detalhe é que essas ações duravam pouco tempo, não eram algo linear dentro da instituição: conforme os profissionais saíam das escolas, as ações também terminavam.

É um drama, como podemos perceber. Torna-se problemático ver professores fazendo o que podem. Há escolas em que as ações socioemocionais são empurradas "goela abaixo". Precisamos entender que é necessária uma preparação para se receber um material socioemocional, o que envolve professores, capacitação e estrutura para aproximar as famílias, além de outros componentes que favoreçam esse momento, para que esse trabalho possa ser executado de maneira satisfatória. Em Campinas, depois da pandemia, tivemos um aumento de mais de 750% no número de afastamentos

---

* Ver: https://www.youtube.com/watch?v=3FXIhHErGFI&t=5603s, acesso em 15/4/2024. (N.E.)

médicos de alunos da rede estadual.* Esse é um índice que precisamos ter como ponto de partida.

Vejo os alunos chegando à escola completamente apáticos, parecendo zumbis, com seus fones de ouvido. Evitam contato visual, não interagem nem cumprimentam as pessoas que passam por eles, e, quando retornam para casa, pegam novamente seus celulares ou computadores e ficam trancados no quarto. É impossível transmitir valores, afeto nessa condição, é como se a pessoa não estivesse ali – e na verdade não está. A estrutura de família que temos atualmente reduziu muito as interações, as trocas e as conversas em momentos de convívio como almoço e jantar dentro de casa. A maneira como nos "acostumamos" a viver juntos mudou bastante, o envolvimento das pessoas em coisas triviais dentro do próprio lar se dissolveu. Pais não sabem o que seus filhos fazem trancados no quarto, e os filhos não têm nenhuma intimidade com seus pais, não se sentem próximos o suficiente para procurá-los, mesmo quando estão passando por momentos de sofrimento e precisam de apoio. Isso tem nome: déficit de intimidade.

Antigamente, crianças se perdiam nas praias ou dentro de *shoppings*. Hoje, estamos perdendo as crianças

---

* Ver: https://www.acidadeon.com/campinas/cotidiano/campinas-tem-alta-no-numero-de-afastamentos-de-alunos-de-atividades-escolares/, acesso em 15/4/2024. (N.E.)

dentro dos quartos. Isso é uma tristeza muito grande. A falta de conexões reais em casa, que deveria ser o núcleo central dos afetos, se desnuda, e é lógico que a escola não dá conta disso – e não é para dar mesmo. Mas a escola pode ser o caminho de retomada da conversa, do interesse por pessoas e de experiências positivas de convívio. Por meio da criação de espaços intencionais de diálogos, podemos trabalhar o desenvolvimento de habilidades interpessoais. Quando falamos de educação emocional e ensino de valores, precisamos pensar em reformular o modelo pedagógico que temos instituído. **Cortella** diz que hoje é impossível segurar uma criança sentada por cinco horas assistindo a uma exposição no quadro. E é verdade! Quando é que teremos, então, disposição para buscar soluções dentro das escolas?

Por um tempo, fui voluntária em uma ONG que recebia crianças em situação de vulnerabilidade social, que sofriam violência em casa. Certo dia, um menino me perguntou: "O que você vem fazer aqui? Você é otária? Vem trabalhar de graça?". Até me assustei. Quer dizer, o meu trabalho ali não acrescentava nada para ele. Então, nós nos sentamos no chão, fizemos uma grande roda com as crianças, e eu aproveitei aquele momento para contar um pouco a minha própria história, do escárnio que a minha filha enfrentou na escola com o *bullying*. Abri meu coração, falei como ela ficou doente e, mesmo sendo bem pequenininha, como isso a machucou.

Expliquei que não gostaria que o mesmo acontecesse com outra criança. Nesse dia, eu me conectei com todos os elementos dessa ONG, foi um aprendizado gigantesco para mim. E antes de eu terminar a minha história, o menino levantou a mão e contou a história dele. Outro fez o mesmo. Isso nos direciona a entender que precisamos ter uma educação que permita essa fala e essa escuta, não só na escola, mas em casa também, para avançarmos nessa conexão, nessa intimidade.

Rossandro – Vanessa, sua contribuição lança luz sobre uma verdade perturbadora no mundo da educação, que se tornou uma arena de negócios bilionários, frequentemente desconectada de sua missão essencial. Na minha jornada com a Educa, uma empresa que fundei e que é focada no desenvolvimento socioemocional, confrontei-me com essa realidade angustiante: materiais educacionais são adquiridos muitas vezes mais por modismos do que por convicção pedagógica. Laboratórios *maker* e aulas de robótica viram vitrines para atrair pais, sem um alicerce pedagógico sólido por trás. É a educação sendo entendida apenas como um negócio, e não como um ambiente de construção de capacidades intelectuais e de letramento das emoções.

Nessa encruzilhada, percebemos um elo perdido crucial: os pais. Em vez de apontar dedos, optamos por abrir caminhos com a criação de uma Escola de Educação Parental.

Afinal, a crise educacional e o desenvolvimento emocional dos estudantes não se resolvem com acusações aos pais, mas com parcerias entre estes e a escola.

Sempre que era convidado a dialogar com pais em escolas, variando das mais renomadas às mais modestas, públicas ou privadas, tornou-se um ritual ouvir dos responsáveis pela instituição uma lamentação iniciada por: "É uma pena, professor Rossandro...". Prontamente, eu antecipava o desfecho de suas palavras: "Permita-me adivinhar. Você lamenta que justamente os pais mais necessitados desta conversa sejam os ausentes nesta reunião".

Invariavelmente, os pais presentes nas reuniões já eram aqueles engajados no desenvolvimento de seus filhos, enquanto um silêncio eloquente marcava o espaço deixado por quem mais precisava estar ali.

Recordo-me das palavras de Platão no diálogo "Críton", citando Sócrates: "Não deverão gerar filhos quem não quer se dar o trabalho de criá-los e educá-los". Assim, eu costumo apresentar aos pais a inquietante noção do que chamo de "aborto afetivo", uma negligência que vai além do material, adentrando o território emocional e intelectual.

Utilizo essa expressão impactante para despertar uma reflexão: adquirir uma residência em condomínio fechado, comprar um carro, ser aprovado em um concurso público e ter filhos são frequentemente celebrados como indicadores de uma existência "feliz", itens de um *checklist* superficial imposto pela sociedade, à semelhança do adágio "plantei uma árvore, gerei um filho, escrevi um livro". No entanto, a paternidade transcende a simples ação de marcar um item em uma lista de conquistas. Educar é uma jornada árdua e reiterativa, muito além do ato de trazer uma vida ao mundo. Por exemplo, no caso de pais de trigêmeos, cada criança manifestará sua individualidade distinta, requerendo compreensão e abordagens específicas para cada personalidade. Embora existam princípios universais na educação, o desafio está em honrar e cultivar essa singularidade. Além disso, moldar um caráter é apenas o início; com essa fundação, é possível estabelecer objetivos, sonhar e planejar. No entanto, para realizar esses sonhos de maneira íntegra, é essencial formar indivíduos dotados de caráter forte e princípios sólidos.

Esse fenômeno, ao qual me refiro como "aborto afetivo", é frequentemente manifestado por famílias que se distanciam de suas responsabilidades educacionais, muitas vezes motivadas por um profundo egocentrismo. É comum ouvir pais questionarem: "E quanto ao meu tempo? E as minhas necessidades?". Vivemos em uma era de individualismo exacerbado, na qual as exigências de cuidado e atenção aos filhos parecem rivalizar com as aspirações pessoais dos pais. Contudo, assumir o papel de pai, mãe, avô ou tia significa embarcar em uma nova jornada de existência, que exige a arte de tecer relações profundas com esse novo ser, demandando sacrifício, dedicação, entrega e, em suma, amor. Amor esse que se traduz em tempo dedicado, empenho contínuo e paciência incansável. Quando pais se abstêm de seu papel de educadores, acabam por delegar à escola e aos professores um peso desproporcional e injusto, tornando-se espectadores de uma educação que deveria ser compartilhada.

Além disso, Vanessa, você destacou um ponto crítico: a erosão do bem-estar dos educadores. Observamos, cada vez mais, um crescente esgotamento entre os professores, um caminho direto para o fracasso tanto de educadores quanto de alunos, alimentado por sentimentos de abandono, estresse, tristeza, ansiedade e frustração. Sentimentos que só se ampliam ante a negligência de muitas famílias, que depositam expectativas desmedidas sobre os ombros dos professores. Diante do medo de perder alunos, especialmente no contexto das escolas privadas, muitas instituições sucumbem a essas demandas. Como consequência, transformam-se em ambientes de trabalho hostis, falhando em prover o suporte e os recursos necessários para o florescimento e a saúde mental de seus colaboradores.

Em minhas interações com pais de alunos em escolas por todo o país, costumo recorrer a uma metáfora para iluminar uma questão que atualmente assombra educadores e instituições de ensino: os infames grupos de WhatsApp.

Apresento o seguinte cenário: imaginem se, ao projetar a construção de uma casa, formássemos um grupo de WhatsApp com os clientes da construtora para debater detalhes técnicos, como "será que essa concretagem está adequada? Essa coluna deveria ter esse tamanho? E sobre a disposição das vigas, está correta? Esse tipo de porcelanato é o mais indicado? Talvez pudéssemos remover essa coluna para ampliar o espaço da sala?". É impensável, da mesma forma, pacientes formarem um grupo para questionar um cirurgião cardíaco sobre os procedimentos de uma cirurgia: "Esse realmente é o procedimento cirúrgico correto? Não seria melhor escolher outro hospital ou utilizar um instrumental diferente?".

Essa analogia destaca o absurdo de questionar profissionais altamente especializados em seus campos de atuação por meio de um fórum tão informal e repleto de leigos quanto um grupo de WhatsApp. No entanto, é exatamente isso que ocorre na educação. Grupos de WhatsApp, tais como "Mães e pais do 3º ano B – manhã", transformam-se em verdadeiras arenas onde o conhecimento pedagógico é posto em xeque por quem não tem formação na área, levando à erosão da autoridade do professor e à desvalorização de sua *expertise*.

Uma diretora compartilhou comigo a pressão desmedida por personalização absoluta: "Cada pai quer uma escola desenhada exclusivamente para seu filho". Sugeri, em tom de ironia, que tal demanda poderia ser atendida com mensalidades astronômicas. Essa metáfora e esses exemplos servem para destacar a importância de confiar nos profissionais de educação e respeitar sua formação e experiência, em vez de minar sua autoridade com debates superficiais em plataformas digitais.

Durante uma palestra que ministrei no sul do Brasil, deparei-me com uma estatística alarmante: de um total de quarenta mil professores na rede pública estadual, cerca de oito mil estavam afastados por questões de saúde. Embora possa haver casos isolados de aproveitamento dessa situação, a realidade predominante é de um profundo esgotamento, conhecido como *burnout*, decorrente da excessiva responsabilidade depositada nas escolas pelas famílias, uma verdadeira terceirização do cuidado emocional e educacional.

Em outra ocasião, uma tragédia ressaltou a gravidade desse deslocamento de responsabilidades: um estudante cometeu suicídio, e a avó do aluno expressou nas redes sociais que caberia à escola o cuidado com o bem-estar emocional dos estudantes, justificando que as famílias, por falta de tempo, não poderiam assumir essa tarefa. Surpreendentemente, muitos pais ecoaram esse sentimento nos comentários, defendendo a ideia de que as escolas devem assumir integralmente a formação emocional e intelectual de seus filhos, como se fosse possível "depositar" uma criança na instituição e retornar para buscá-la anos depois, já plenamente desenvolvida.

Essa perspectiva revela uma lacuna crítica no entendimento sobre o papel da família na educação. Acompanhar e entender o desenvolvimento emocional e comportamental de um ou poucos filhos é uma tarefa muito mais factível para os pais do que esperar que uma escola, responsável por centenas ou mesmo milhares de alunos, consiga atender de maneira personalizada às necessidades emocionais de cada um.

Certo dia, no meio da agitação de um aeroporto, um encontro inesperado se desenrolou, marcado por um olhar que carregava um silencioso apelo por auxílio. Uma mãe, que me reconheceu por conta das redes sociais, aproximou-se com uma pergunta que carregava o peso do mundo: "Você dedicaria um minuto da sua vida para me salvar?". Com tempo de sobra antes do meu próximo voo, assegurei-lhe minha atenção plena. A história que ela compartilhou era de uma tragédia imensa: o suicídio de seu filho de 16 anos, uma ferida aberta que transbordava em busca de compreensão.

Convidei-a para um café, um pequeno refúgio para seu desabafo. A conversa que se seguiu revelou uma dolorosa realidade: os sinais de alerta, imperceptíveis aos seus olhos, e uma política de privacidade que, embora bem-intencionada, havia criado um abismo entre ela e seu filho. Expliquei que a privacidade é um direito que deve ser calibrado com a maturidade do jovem, e que a omissão parental, especialmente em uma era digital tão voraz, pode ter consequências devastadoras.

Instruí-a a realizar uma tarefa árdua ao retornar para casa: mergulhar nas redes sociais do filho, no WhatsApp, analisar as séries a que ele costumava assistir e com quais personagens mais se identificava. Enfim, adentrar a vida digital de seu filho falecido e conversar com os irmãos dele sobre suas paixões e dores. O objetivo era desvendar as camadas ocultas daquela existência, um processo que eu sabia que seria excruciante.

Quando ela me contatou dias depois, sua mensagem estava carregada de dor e autorreprovação. Ela havia descoberto, nas entrelinhas da vida digital de seu filho, os sinais precursores de sua decisão final, que haviam passado despercebidos. Explicitei, então, meu propósito: o objetivo era guiá-la para a inescapável verdade de que, agora, ela saberia como proteger e estar presente na vida de seus outros filhos de maneira mais significativa.

A vida digital apresenta ainda outro desafio para a escola e para a família. Como mencionei anteriormente, já há um tempo os testes de QI apontam que as novas gerações são menos inteligentes que as anteriores, conforme dados do livro *A fábrica de cretinos digitais*.

Recentemente, algumas instituições que implementaram o programa socioemocional Educa começaram a relatar um fenômeno curioso: um número crescente de estudantes solicitava que as aulas dessa disciplina fossem ministradas às segundas-feiras. Intrigado com essa preferência, questionei as educadoras envolvidas sobre o motivo dessa escolha. A resposta foi tanto surpreendente quanto desoladora: os alunos ansiavam por um espaço para expressar as dificuldades vivenciadas em casa durante o fim de semana. Essa revelação é um testemunho triste da transformação nas dinâmicas familiares: se antes o fim de semana era aguardado com expectativa para momentos de qualidade em família, hoje, para alguns, representa um período do qual desejam escapar.

Içami Tiba, em suas reflexões sobre educação, nos lembra de uma verdade incômoda: enquanto satisfazer os desejos imediatos de uma criança pode ser simples, educá-la, isto é, ensiná-la a navegar pelas complexidades da vida, exige um comprometimento profundo e contínuo. Assim como a criação de animais domésticos requer orientação e limites claros, a educação de crianças demanda que os pais estejam engajados e preparados para guiar, não apenas com palavras, mas com o exemplo.

Esse desafio é exacerbado em uma sociedade marcada pelo individualismo extremo e por uma crise de conexão humana. Vivemos em uma era de liberdades individuais e de prosperidade material sem precedentes. Nunca antes na história humana tivemos tanta liberdade para fazer nossas próprias escolhas e acessar tantos recursos materiais. No entanto, paradoxalmente, enfrentamos níveis alarmantes de suicídio, dependência química, infelicidade e depressão entre os jovens. Não conseguimos transformar o crescimento material e o avanço tecnológico em abundância emocional; na verdade, ocorre o oposto.

Se quisermos alterar o curso dessa trajetória sombria, é imperativo que reconheçamos e valorizemos o lar como o primeiro ambiente de aprendizado, onde valores, amor, respeito e resiliência sejam transmitidos e cultivados. A educação, em sua essência, é uma jornada que começa no coração da família. Ignorar essa verdade é arriscar perpetuar um ciclo de desencontros e desesperança. A tarefa diante de nós é clara: devemos reforçar os alicerces familiares, assegurando que cada criança cresça não apenas cercada de cuidados, mas também de princípios e amor que formarão a base para uma vida plena e significativa.

Lúcia Helena – Sua conclusão é ótima, Rossandro. E muito filosófica, diga-se de passagem. De certa maneira, caminho para esse mesmo entendimento por outras vias.

Vamos usar um pouco de método científico, o *ceteris paribus*,* e fazer de conta que todos os fatores secundários do problema em questão estão resolvidos. Vamos focar apenas o ser humano para discutir o que está acontecendo com ele. **Epicteto** definia a escravidão como não fazer nada em relação àquilo que depende de nós e, naquilo que não depende, ficar imprecando contra o destino (como se diz popularmente, "dando murros em ponta de faca"). Vamos, então, fazer de conta que, naquilo que não depende de nós, está tudo resolvido, tudo estabilizado. Ou seja, que temos uma pedagogia adequada, um governo que conseguiu minorar a violência e as desigualdades sociais, um professor bem-remunerado, uma internet que foi limitada de forma inteligente para as crianças. Portanto, tudo resolvido. Como é que fica essa questão da educação emocional da qual estamos falando, que depende sobretudo de nós, e não do meio? Educação emocional é um processo complexo que exige que o ser humano que educa seja um referencial. Isso é algo de muita relevância.

Há um conceito de que gosto muito dentro da Filosofia que é a representatividade. Imagine estar educando uma criança ou um adolescente. Existem momentos em que é necessário que se use a maturidade, a lucidez, o "eu humano"

---

* Expressão que pode ser traduzida como "todo o resto mais constante", considera que nenhum imprevisto ocorrerá. (N.E.)

mais pleno que essa criança, esse adolescente ainda não despertou, para gerir a vida deles. Essa personalidade está sendo formada sem ter ainda presente o seu aspecto mais lúcido e maduro. Nesse espaço de amadurecimento, entraria o "eu humano maduro" de um educador, seja ele o pai, o professor ou quem caiba ser, tomando decisões pela criança ou pelo adolescente. Esse educador entra, então, usando um processo de representatividade, como substituição daquele "eu" que ainda não está presente nos mais jovens. Para quê? Para que essa personalidade que está sendo formada, no momento certo, saiba como obedecer aos valores e aos critérios de seu próprio "eu maduro", quando ele despontar em sua vida. Ela está sendo educada em uma obediência a princípios, valores, autocontrole, autodomínio. Mas o educador em questão não pode representar, na vida de alguém, aquilo que está ausente em sua própria vida. Isso me lembra uma passagem de uma melodia de **Djavan** que diz: "Sabe lá o que é não ter e ter que ter pra dar". Portanto, ao imaginarmos por um momento os fatores externos como estáveis, veremos nossa própria responsabilidade no processo de formação dessa criança ou desse adolescente, e não continuaremos apenas terceirizando as responsabilidades, naquele discurso que já conhecemos tão bem: é o governo que tem que mudar, é a Secretaria de Educação, é a administração da escola... Está bem, vamos supor que tudo mudou. É suficiente? Não, porque temos adultos sem educação emocional. Como vão transmitir algo que não têm?

A formação, o processo de amadurecimento como uma das metas da sociedade passa por uma reconstrução cultural em que o sentido da vida não seja a comodidade nem o desfrute, e sim o crescimento humano, a expansão de nossa consciência, se considerarmos que estamos aqui para chegarmos o mais próximo possível do propósito da condição humana plena, com valores, virtudes e sabedoria. Devemos integrar e não rejeitar as dificuldades para expandir a nossa consciência. Aprendemos a lidar com todos esses fatores da vida integrando-os a nós mesmos, e não negando as adversidades, pois estas são como degraus que nos promovem a um outro patamar de lucidez e discernimento. Nossa pedagogia imita a da natureza: não podemos deixar nosso filho faltar à escola em dia de prova; desejamos que ele enfrente e integre essa dificuldade para que seja digno de frequentar as séries escolares mais adiantadas, que se seguem.

Quando temos um sentido de vida humanista, um propósito claro, entendemos bem a necessidade do autocontrole emocional. Quando nos identificamos com o emocional, não conseguimos dominá-lo. Até mesmo um animal doméstico, se nos identificamos muito com ele, é provável que não nos obedeça. Assim acontece com tudo aquilo com que nos identificamos demais: perdemos o comando. Há uma dose de distanciamento que é saudável e necessária.

É fundamental que as pessoas entendam que elas não são suas emoções; estas são adereços que colorem a vida e motivam à ação – veja bem, falo de emoções, e não de sentimentos. Existe algo acima disso: existem princípios, valores, um propósito para a vida como um todo, e é em função disso que devemos dominar as emoções. Se peço a alguém para escolher um candidato a um cargo qualquer, o correto seria que, com a máxima lucidez e justiça, a pessoa examinasse a vida pregressa dele, para ter indicativos de sua capacitação ou não. Não é de forma alguma aconselhável ouvir discursos e votar naquele "que mais emociona".

As pessoas estão tão identificadas com as emoções no comando de suas vidas que qualquer processo de formação, de educação que as ensine a dominá-las é visto quase como uma mutilação, como se lhes cortassem um braço. Ou seja, trata-se de um problema de identidade, de falta de referenciais claros de quem elas realmente são. Enfim, é um quadro de infantilismo emocional dos adultos, reforçado pela cultura, que valoriza o homem bem-sucedido, e não bem formado.

Enfim, mesmo que o mundo inteiro mude, que essas pessoas sejam colocadas em condições ideais, elas não vão promover mudanças, porque não têm a possibilidade de fazer isso em si próprias em primeiro lugar. Estão conformadas com um sistema de vida voltado para gerar prazer e comodidade, nunca crescimento. Não estão acostumadas a se identificar com algo mais elevado do que suas próprias emoções. Por isso, não vão conseguir passar uma tônica de vida que elas não têm para a próxima geração.

A adolescência é uma idade do heroísmo, quando o jovem quer referenciais que lhe despertem admiração, aventuras, desafios. Porém, quando olha para os pais, percebe que eles são adultos acomodados, que almejam o prazer sem riscos e não muito mais. Ele não vê ali nada de idealismo ou heroísmo, nada que o inspire. Não é de estranhar que, muitas vezes, caiam nas redes de delinquentes de variados tipos, que lhe parecem corajosos e desafiadores do *status quo*.

Para meu particular ponto de vista, não existe nada mais significativo do que uma criança admirar seus pais, ver neles um nível de protagonismo, de altruísmo, uma vontade perceptível de mudar, de crescer, de ajudar os demais a crescerem, de ser coerentes com as coisas que ensinam. Ter os pais como referencial faz com que a voz deles ganhe dez vezes mais peso do que a voz de outras pessoas. Ou seja, trata-se da ideia do sacrifício, do *sacro ofício*, o ofício sagrado de ser para que os outros possam ser através de nosso exemplo.

Tudo começa, então, com estabelecer um sentido de vida digno da condição humana que seja contemplado pelo indivíduo e pela sociedade como um todo. Cada um é absolutamente livre para decidir o que irá fazer, como e quando, mas a escolha de fazê-lo com ética, justiça, bondade e altruísmo já não se deixa ao arbítrio, mas deve ser ensinada e exemplificada por seus educadores. Esta é uma das propostas da Filosofia: mostrar como estamos vivendo e quais as nossas alternativas; ajudar-nos a encontrar algo que justifique levantarmos da cama todas as manhãs. Uma vida simplesmente prazerosa e cômoda é mais sobrevivência do que vida, talvez suficiente para um animal, mas um ser humano necessita de muito mais. O incômodo que sentimos por perceber, intimamente, que poderíamos nos tornar seres humanos muito melhores do que somos também é um tipo de fome; também é capaz de causar desconforto, às vezes, de forma insuportável.

Cada um é absolutamente livre para decidir o que irá fazer, como e quando, mas a escolha de fazê-lo com ética, justiça, bondade e altruísmo já não se deixa ao arbítrio, mas deve ser ensinada e exemplificada por seus educadores.

Há uma passagem interessante da história de Sócrates, que conta que seus discípulos um dia lhe sugerem: "Você é tão bom professor, um filósofo tão maravilhoso... Que tal trazermos os trinta tiranos de Atenas para cá, amarrarmos todos em cadeiras para que ouçam você falar de Filosofia para eles por horas? Quando os libertarmos, serão todos filósofos!". Sócrates, então, conta a seguinte história: "Minha mãe, Fenarete, era uma excelente parteira, mas há uma coisa que ela jamais seria capaz de fazer: dar à luz a uma mulher que não estivesse grávida". Ou seja, quem está "grávido" de transformações tem muito a dizer. Imagino que aqueles seres humanos que lidam com a educação deveriam ser pessoas que estejam "grávidas" de crescimento e queiram mudar, em primeiro lugar, a si próprias; que possuam uma inquietude interior que não lhes permita que fiquem detidos. Isso é pelo menos tão importante quanto o domínio do conhecimento a ser transmitido. Necessitamos de pessoas que tenham um processo de educação emocional aplicado a si próprias, de forma madura e responsável.

Rossandro – De fato, professora, se todas as variáveis fossem controladas, restaria o grande desafio que cada um de nós carrega de nos desenvolvermos, em valores e virtudes, para parirmos o novo homem, sem o qual nenhuma sociedade, por mais civilizada que seja, não conseguiria nos impressionar. Eis um dos motivos que explicam, por exemplo, por que mesmo países com os mais altos índices de desenvolvimento humano têm entre seus membros criminosos, corruptos, aproveitadores, descompromissados com o bem coletivo, ainda que em quantidade inferior a outras nações. Esses países só conseguem um pacto coletivo mais civilizado e harmonioso devido à eficácia das instituições que os presidem.

E por concordar demais com suas observações, permita-me usar o método científico *ceteris paribus* para fazer um outro exercício. Imaginemos manter o *status quo*, com todas as suas imperfeições e desafios, mas com os pais ativamente envolvidos e cumprindo seu papel fundamental. Tal cenário poderia minimizar e, em muitos casos, neutralizar as adversidades impostas por uma sociedade conturbada. A presença de uma família coesa e orientadora tem o poder de moldar indivíduos resilientes e capazes, mesmo diante de um contexto adverso.

Ilustrando essa realidade, minha mãe enfrentou o desafio de se separar na década de 1970, em um cenário marcado pelo estigma e pelo preconceito contra divórcios, que, à época, nem eram legalmente reconhecidos. Como resultado, fui socialmente isolado, tratado como um pária por ser filho de pais separados. Minha mãe, desempenhando um papel duplo, frequentemente era criticada por sua postura rigorosa, vista por alguns como excessiva. Diziam que tal rigidez prejudicaria os filhos. Contudo, ela mantinha-se firme em sua convicção, ciente da necessidade de construir em nós valores e virtudes, bem como um caráter resiliente para enfrentar as adversidades e as seduções do mundo.

Uma história exemplifica a condução que minha mãe deu às nossas vidas. Recordo-me de um Carnaval fora de época conhecido na minha cidade como Micarande. Eu havia conseguido um abadá para acompanhar **Ivete Sangalo**, à época vocalista da Banda Eva. Com 16 anos, anunciei à minha mãe: "Vou ver Ivete". Ela não permitiu. Com muita raiva, eu disse que em dois anos completaria a maioridade e que ela não iria mais me impedir. Foi quando ela respondeu que nada mudaria, pois as regras da casa eram dela, e que só quando eu tivesse a minha casa faria do meu jeito.

Surpreso, questionei se tal atitude afetaria nosso amor, e ela elucidou: "O amor é uma decisão madura; se você irá ou não me amar, só o futuro dirá, mas agora não abro mão do respeito". Bati a porta do quarto e fiquei sete dias sem falar com ela; minha mãe ficou trinta dias sem falar comigo diante da minha atitude. Só depois compreendi que sua postura não era de rigidez, mas de responsabilidade. Manter-se firme como referência não significa perder o amor. Assim, aprendi que a autoridade parental não diminui o afeto, mas constrói uma base de respeito e maturidade essencial para o desenvolvimento.

Aprofundando meus conhecimentos poucos anos depois, na faculdade de Psicologia, uma aula sobre a escala das emoções transformou minha percepção sobre o amor. A professora elucidou: "O amor é uma emoção avançada, fruto da evolução de uma complexa rede neurológica, algo ausente no reino animal". Esse sentimento, conforme explicado, é a culminação de um desenvolvimento emocional que começa com o respeito e a admiração, sugerindo que o amor verdadeiro exige uma base sólida de sentimentos prévios. É uma sofisticação emocional que só se alcança após a compreensão e prática de emoções mais fundamentais, assim como a progressão acadêmica exige a assimilação gradual do conhecimento. Portanto, o amor, em sua complexidade e beleza, emerge de uma base de respeito mútuo e admiração profunda, ilustrando sua natureza refinada e seu lugar especial na experiência humana. Percebi ali o quanto minha mãe estava certa.

Em um mundo onde as figuras de autoridade se esvaecem, suas observações, professora Lúcia Helena, ressoam com urgência, revelando um cenário no qual jovens se encontram perdidos, sem bússolas morais ou emocionais confiáveis. Eles buscam exemplos em ícones cujas vidas, embora repletas de *glamour* e talento, muitas vezes ocultam histórias de luta contra vícios, depressão e abuso de substâncias. Essa procura por modelos em figuras tão falíveis destaca uma crise profunda de orientação e valores na sociedade contemporânea.

A falta de adultos presentes e atuantes no lar não apenas perpetua esse ciclo de desorientação, como se agrava pela incompreensão de muitos pais sobre a essência da autoridade. Existe uma confusão generalizada entre exercer autoridade e impor uma ditadura. A sabedoria contida na letra de uma canção da Legião Urbana,* que proclama "Disciplina é liberdade", oferece uma perspectiva contraintuitiva e profundamente verdadeira. Essa máxima sugere que a verdadeira liberdade surge não da ausência de regras, mas da adesão consciente a elas. Disciplina, longe de ser uma restrição, é o alicerce sobre o qual a liberdade genuína é construída. Sem disciplina, ficamos à mercê de influências externas e corruptíveis, aprisionados por uma falsa sensação de autonomia.

Portanto, a crise não reside na mudança do mundo externo, mas na erosão das estruturas internas de orientação e valores. A solução para esse dilema não é menos autoridade, mas uma compreensão mais profunda e aplicada dela. A disciplina, vista dessa luz, não apenas liberta, mas também fortalece, permitindo-nos navegar um mundo cada vez mais complexo com integridade e propósito.

---

* "Há tempos". (N.E.)

Sentir-se capaz

Vanessa – Ao refletir sobre as palavras da professora Lúcia Helena sobre a construção do ser, percebo uma profunda conexão entre o exercício da autonomia e a capacidade de fazermos escolhas conscientes. Esses conceitos estão interligados e fundamentam o desenvolvimento para a construção da identidade pessoal. Muitos jovens chegam à adolescência sem a experiência de explorar genuinamente suas inclinações, tomar decisões importantes e encontrar soluções por conta própria, ou mesmo lidar com as consequências naturais de suas escolhas. Certamente, se isso não for trabalhado, terão a vida adulta marcada por baixa confiança e a autoestima muito prejudicada, talvez até desenvolvam uma dependência excessiva em figuras externas, como pais e parceiros afetivos, e em relações sociais de amizade, devido à falta de habilidade para decidir. A autoestima é resultado de sentir-se capaz, ela está atrelada a nossas crenças de *autoeficácia*, termo instituído pelo psicólogo **Albert Bandura**, que se refere à convicção de que temos de acreditar que somos capazes de realizar as coisas que queremos alcançar.

Crescer com pessoas escolhendo, decidindo por nós é algo desastroso e, sem dúvida, o caminho mais curto para o sentimento de inadequação social, que vai se desdobrar em solidão. A criança e o adolescente têm que "abraçar o pensamento" de que "eu posso, eu consigo". A vida perde muito de seu significado quando se duvida da própria capacidade de agir e realizar.

Rossandro – No fascinante livro *Mente e cérebro: Dez experiências impressionantes sobre o comportamento humano*,[*] de **Lauren Slater**, ela apresenta uma série de experimentos que desvendam complexidades do comportamento humano, complementados por *insights* de pesquisas adicionais. Por exemplo, em 1966, dois pesquisadores, R. Rosenthal e L. Jacobson, fizeram um experimento no qual aplicaram em crianças da primeira à sexta série um teste de QI com um nome fictício: "O Teste de Harvard de Aquisição Inflectida". Foi dito que esse teste era um indicador de florescimento acadêmico, quando, de fato, ele apenas quantificava algumas

---

[*] Rio de Janeiro: Ediouro, 2005. (N.E.)

aptidões não verbais. Os professores receberam a informação de que era esperado que os estudantes que se saíssem bem no teste obtivessem ganhos sem precedentes no ano seguinte. Na verdade, o teste não era capaz de predizer tal coisa.

Resultados sem sentido foram liberados para os professores e, depois de um ano, os pesquisadores examinaram as crianças. Eles constataram que aquelas designadas pelo falso teste como capazes tinham, de fato, obtido ganhos acadêmicos maiores que aquelas não designadas. Mais inquietante, o grupo teve um aumento significativo nas pontuações de QI, especialmente na primeira e na segunda série, sugerindo que o "quociente de inteligência" de uma pessoa tem tanto a ver com oportunidade e expectativa quanto com a capacidade fixa, mostrando o poder das expectativas sobre a vida das pessoas, ou do poder transformador do reconhecimento e da crença nas potencialidades de cada indivíduo.

Essa experiência ecoa as reflexões da professora Lúcia Helena sobre a importância da autoimagem e do incentivo. Levanta-se a questão: como nossa vida pode mudar quando alguém nos vê de uma luz positiva e crê em nossas capacidades? E, inversamente, como podemos nos reinventar e crescer quando não nos sentimos valorizados ou capazes? Esse experimento não apenas ilustra o impacto significativo das expectativas sobre os indivíduos, mas também enfatiza a necessidade de olharmos além das aparências e reconhecermos o potencial inerente a cada ser humano.

O panorama atual nas escolas revela uma transformação marcante: crianças outrora mimadas, sem limites, que eram exceções, são cada vez maioria, e emergem agora pais que carregam as marcas dessa indulgência passada, ou seja, crianças mimadas do passado que agora são pais e não têm referência alguma para a educação dos filhos. Essa reflexão foi inspirada ao assistir à narrativa de um czar e seu herdeiro, cujo comportamento tirânico evidenciava os efeitos de uma criação sem limites. A percepção de que a liberdade desmedida conferida aos herdeiros da realeza contribuía para a formação de personalidades déspotas ressoa agora em um contexto mais amplo, em que a ausência de limites e disciplina se generaliza, desfazendo as estruturas de autoridade, valores e princípios essenciais para a formação do caráter.

Como nossa vida pode mudar quando alguém nos vê de uma luz positiva e crê em nossas capacidades? E, inversamente, como podemos nos reinventar e crescer quando não nos sentimos valorizados ou capazes?

Freud, em uma reflexão profunda, disse: "Eu fui um homem afortunado pois, na minha vida, nada foi fácil".

Essa citação ressoa a minha própria trajetória, marcada por desafios como a fome e o preconceito. Olhando para trás, percebo como cada adversidade me moldou, conferindo-me a resiliência e a perspectiva necessárias para enfrentar a vida. Muitos questionam o segredo do meu sucesso, imaginando uma jornada sem obstáculos, mas a verdade é que as dificuldades enfrentadas foram fundamentais para o meu desenvolvimento.

A concepção de felicidade que muitos pais nutrem para seus filhos se traduz em um esforço para isentá-los de responsabilidades e desafios, na tentativa falha de poupar-lhes de qualquer sofrimento. Essa postura, por vezes, atinge extremos inacreditáveis, como o caso relatado por um médico, amigo meu, que testemunhou um pai, cirurgião, sedar seus filhos para que não sentissem a picada de uma vacina. Esse exemplo simboliza uma tendência preocupante de superproteção que, em vez de preparar os jovens para a realidade, os deixa vulneráveis aos inevitáveis reveses da vida.

A consequência dessa superproteção é a incapacidade dos jovens de nomear e enfrentar suas dores, pois nunca foram ensinados a compreender seus sentimentos. Sem modelos adultos de resiliência e sem referências emocionais sólidas, muitos recorrem a medidas extremas para lidar com o sofrimento emocional, chegando, nos casos mais trágicos, a considerar a autodestruição como única saída. Esse cenário evidencia a necessidade urgente de restaurar o papel dos pais como guias e referências, capazes de educar seus filhos para enfrentar com maturidade e coragem os desafios da existência.

Vanessa – No desespero de parar a dor, agem inconscientemente. É exatamente isso que vemos.

Rossandro – Observar essa realidade é profundamente angustiante: uma geração sendo desperdiçada em meio a dores crescentes e a uma crise societal sem precedentes. Encontramo-nos à deriva em um mar tempestuoso de variáveis que intensificam a dor humana, perdidos em uma espiral de desorientação e desesperança. A magnitude dessa tempestade reflete o desafio colossal que enfrentamos, buscando direção e sentido em um mundo cada vez mais complexo e fragmentado.

Lúcia Helena – Algo que é interessante considerarmos, do ponto de vista clássico da *paideia** grega, é que a educação consiste em ensinar os filhos a se integrarem às leis da vida, às leis da natureza. E uma das leis mais importantes é a de causa e efeito – aquilo que a Índia chama de "Lei do Carma". Se temos acesso a recompensas, a efeitos, sem apresentar nenhuma causa, nenhum mérito, obviamente,

---

* Sistema de educação e formação ética da Grécia antiga. (N.E.)

isso vira uma visão distorcida da vida. Outra lei fundamental é a que diz que o nosso prazer não pode depender da dor do outro. O ganho de alguém não pode depender da perda do outro. O que acontece se essa lei é desrespeitada? Temos a figura do tirano, de que você falou, Rossandro, aquele que se ergue sobre os demais para poder conquistar as coisas da vida que lhe parecem importantes. Ou seja, esse enquadramento dentro das leis da vida é necessário. Vamos voltar àquele mesmo argumento que eu já trouxe aqui anteriormente: isso depende de os pais conhecerem essas leis e enquadrarem-se nelas também. É um processo de autodisciplina.

Em relação à baixa autoestima, acho interessante notar que, se analisarmos toda a mídia no nosso momento histórico, veremos que grande parte das "manchetes" que nos são oferecidas envolve pessoas que roubaram, que se corromperam, que assassinaram. Não há, ou há muito poucas, histórias de seres humanos que estejam fazendo algo bom; isso não é motivo de notícia, não chama a atenção. Será que essas pessoas não existem? A morbidez que vemos na mídia, obviamente, vai fazendo com que deixemos de acreditar no ser humano. Portanto, a baixa autoestima não é só individual; é do ser humano em geral. Nós achamos que o ser humano não serve para absolutamente nada, que não tem mais jeito. Quantas vezes já ouvi isso, que a humanidade "é um caso perdido"! Agora, se crescermos como seres humanos acreditando na humanidade já é uma tarefa difícil; imagine fazê-lo sem acreditar nisso? Não é difícil imaginarmos que, para cada caso mórbido que a mídia apresenta, devemos ter pelo menos três seres humanos fazendo coisas boas, dignas de nota.

Esse bombardeio que recebemos da mídia, neste momento histórico, tem sido considerado pelas pessoas como mais válido do que qualquer experiência de vida. As pessoas já não ousam considerar suas experiências como fonte de sabedoria, porque a mídia "sabe das coisas melhor do que eu". Paro, então, para observar a minha própria vida, o que eu tenho vivido ao longo dos anos. Quantas pessoas conheci em minha trajetória, presencialmente, que eram realmente mau-caráter, criminosas? Esse número não deve chegar a 5% de todos os seres humanos que conheci. A maioria das pessoas que passaram por mim podiam não ser muito especiais ou altruístas, mas queriam apenas viver a própria vida, criar os filhos sem causar mal a ninguém. Se 95% das pessoas que conheci tinham certo nível de moral e só 5% eram claramente imorais, como deixo que a mídia me convença de que 100% dos seres humanos não valem nada? Essa morbidez nos tira a possibilidade de acreditarmos em nós mesmos. Com isso, surge esse problema, essa crise de autoestima como um fato generalizado.

Rossandro – O mal tem um apelo terrível, professora. Lembrei-me de dois livros, um deles, *Os anjos bons da nossa natureza*,* de **Steven Pinker**, que, em suas mais de 800 páginas, aborda algumas das maiores questões que podemos levantar: os seres humanos são essencialmente bons ou maus? O século passado testemunhou um progresso ou um colapso moral? Temos motivos para ser otimistas em relação ao futuro? O autor também discute outras questões, como: o que devemos ao Iluminismo? Existe uma ligação entre o movimento pelos direitos humanos e a campanha pelos direitos dos animais? As tendências agressivas são hereditárias?

Ao procurar respostas a essas questões, catalogando as pesquisas mais recentes em História, Psicologia, Ciência Cognitiva, Economia e Sociologia, além das discussões sobre o papel da razão na ética em Filosofia, o autor conclui que nossa era é menos violenta, menos cruel e mais pacífica do que qualquer período anterior da existência humana. As pessoas que vivem hoje têm menos probabilidade de sofrer uma morte violenta ou de sofrer violência ou crueldade nas mãos de outros, do que as pessoas que viveram em qualquer século anterior. Pinker assume que muitos de seus leitores

---

* São Paulo: Companhia das Letras, 2013. (N.E.)

serão céticos em relação a essa afirmação, então ele dedica seis capítulos substanciais documentando-a.

Outro livro que segue na mesma linha, com mais pesquisas e evidências, é *Humanidade: Uma história otimista do homem*,[*] de **Rutger Bregman**, que nos leva por uma jornada desmontando os pressupostos da pesquisa clássica sobre a natureza humana, que posiciona os seres humanos como egoístas. Em vez disso, o autor explora como podemos usar nossa natureza inerentemente boa para construir uma sociedade melhor. Em um momento em que o populismo e a intolerância atingem novos patamares e nossas comunicações são cada vez mais mediadas por *fake news*, esses livros reacendem nosso otimismo.

Pinker oferece uma explicação sobre a percepção de que o mundo está em constante deterioração, ressonante com a observação da professora Lúcia Helena: a mídia tem uma tendência a destacar aspectos negativos do comportamento humano, oferecendo-nos uma dieta constante de notícias perturbadoras, do café da manhã ao anoitecer, operando em um ciclo contínuo de 24 horas. Esse hábito de consumir notícias, especialmente policiais, logo pela manhã, é algo que evito conscientemente. A seleção cuidadosa de conteúdo, tanto noticioso quanto em nossas experiências emocionais

---

[*] São Paulo: Crítica, 2021. (N.E.)

e intelectuais, emerge como uma escolha essencial para uma vida mais consciente e filtrada, excluindo o que não mais serve ao nosso bem-estar.

O autor argumenta que a percepção de um aumento na violência pode nos levar a crer que a civilização moderna nos corrompeu, talvez de maneira irremediável. Em contrapartida, a crença em sua diminuição nos sugere que evoluímos de um estado bruto para um estado mais nobre, impulsionados pelos avanços da civilização, com a esperança de continuarmos nesse caminho. Pinker destaca como a mente humana calcula a probabilidade de eventos baseando-se na facilidade com que exemplos vêm à mente, sendo mais propensa a lembrar de atos violentos transmitidos pelos meios de comunicação do que de mortes naturais, o que reforça uma visão distorcida da realidade. Ele também observa que uma porção significativa de nossa cultura intelectual reluta em reconhecer que a civilização, a modernidade e a sociedade possam trazer benefícios.

Recentemente, uma notícia chocante dominou as manchetes: um jovem havia cometido o impensável, tirando a vida de seu próprio pai idoso. A cobertura midiática foi intensa, com especialistas convocados em cadeia nacional para analisar o evento trágico. Esse ato isolado de violência eclipsou uma realidade muito mais comum e tocante: naquela mesma noite, incontáveis filhos dedicavam-se ao cuidado de seus pais idosos, em um ciclo de amor e dedicação que raramente é reconhecido.

Enquanto a mídia focalizava a escuridão de um único ato, um oceano de bondade permanecia invisível aos olhos do público. Milhares de atos de compaixão e heroísmo cotidiano passavam despercebidos, ocultados por uma tendência a destacar o sensacionalismo e a negatividade. Essa discrepância na cobertura midiática revela uma verdade mais profunda sobre nossas prioridades sociais e o que escolhemos valorizar.

A ênfase na negatividade e na vulgaridade, em detrimento do heroísmo cotidiano e das contribuições positivas, empobrece nossas referências sociais. Ao aprendermos a valorizar o essencial, que frequentemente se encontra mais próximo do que percebemos, começamos a estabelecer novas referências, fundamentadas na bondade e na generosidade humanas, desafiando a narrativa predominante de um mundo em declínio.

Expandir o amor

Lúcia Helena – Um elemento sobre o qual acho interessante falarmos, e que se liga a tudo que já colocamos é o amor. Eu concordo que os pais precisam amar adequadamente os filhos, saber como administrar esse amor para que não os sufoque, não tire deles a iniciativa. Mas acho que uma das coisas fundamentais para que os pais possam amar corretamente os filhos é não apenas amá-los, mas ter a possibilidade de expandir seu coração e amar cada vez mais a humanidade como um todo, a natureza. Nosso amor se qualifica muito quando se expande. É necessário que se tenha uma sensibilidade crescente, uma troca de afeto com a vida.

Vamos pensar na figura de um ancião, uma pessoa com muita sabedoria. Como ele se comporta? É alguém que tem todo um cerimonial de vida, troca sentimentos com tudo, até com objetos inanimados. Mesmo uma pequena refeição, ainda que ele esteja sozinho, é feita com presença – corpo e mente juntos, como dizia **Jung**. O tempo todo existe esse intercâmbio de sentimentos: ele está presente no que está fazendo e procurando ser fator de soma, agregando valor às coisas e à vida. Esse é um elemento fundamental da vida de um ser humano para que possamos dizer: "Aí está um sábio". É o que esperamos de alguém assim, mas não tomamos isso como um referencial, que nos faria transformar nossa posição diante de nossa vida. Um sábio é, sobretudo, uma pessoa que procura expandir seu coração ao máximo.

Uma passagem muito bonita da alquimia[*] medieval dizia que o amor é o Alkahest, que é o solvente universal. O que faz o Alkahest e por que ele é o amor? Vamos imaginar que, quando uma pessoa esculpe moralmente bem a sua personalidade, fazendo dela um cálice digno, seres divinos olham lá de cima e depositam dentro dele o vinho sagrado. Esse vinho sagrado é o Alkahest. A primeira coisa que ele faz, como solvente universal, é derreter esse cálice e espalhar-se em todas as direções; só assim é que ele mostra ser legítimo. Ou seja, através do coração de algo ou alguém que amo, meu amor se derrama e abrange cada vez um conjunto maior de seres. Se não o faz, não é o verdadeiro amor.

---

[*] A alquimia é uma prática que surgiu na Idade Média, unindo ciência, arte e magia. (N.E.)

Há uma frase de autor desconhecido que diz: "Se eu amo você e, por isso, amo mais o outro, o meu amigo, os meus pais, o meu vizinho, a humanidade, isso significa que realmente amo você. Agora, se eu amo você e ignoro os outros, vou me isolando cada vez mais, não participo da vida das pessoas nem coopero com elas em nada, isso significa que não amo realmente você, nem ama ninguém que assim o faça". Portanto, um dos elementos fundamentais para que o amor seja legítimo é ir ao limite das nossas possibilidades para ampliá-lo. É não amar apenas o nosso filho: para que ele seja bem-amado, não pode ser o único objeto do nosso amor.

Vivi dois anos em João Pessoa e morava só com minhas duas filhas. Tinha acabado de me divorciar e as meninas eram pequenas ainda. Como ficavam preocupadas que eu pudesse me sentir triste por estar dormindo sozinha, elas colocavam brinquedos na minha cama. E eu dormia com as Meninas Superpoderosas, com os Bananas de Pijamas, com o Pato Donald... Um dia, refletindo sobre isso, pensei: o amor tem essa característica de perceber a necessidade do ser amado, e de ir até o limite das suas possibilidades para preenchê-la. Isso é um efeito do amor, mas será que também não é uma causa dele? Vamos imaginar uma pessoa pela qual não sentimos nada. Um dia, olhamos para ela e procuramos perceber suas reais necessidades (o que ela realmente necessita, não o que ela quer). Em seguida, procuramos fazer o nosso melhor para atender a essas necessidades. Se fazemos isso hoje, amanhã, depois e assim por um tempo, quando nos damos conta, o amor está lá. O amor tem essa característica: ele pode ser construído por um ato de vontade. Podemos construí-lo por meio de uma disciplina de vida, uma disciplina moral, uma disciplina emocional, inclusive.

Immanuel Kant dizia que só tem valor o amor que pode ser comandado pela vontade. Porque esse amor não cessa quando "descurtimos" a pessoa, como os jovens dizem. O amor que é construído com base na vontade e só pode ser afetado pela mesma vontade que o gerou é um amor maduro. E esse amor maduro tem vocação de expansão. A partir dessa característica do amor, poderíamos construir amor pela humanidade inteira, pelos animais, pelos objetos que nos cercam – essa troca afetiva profunda que é característica de um homem que quer se tornar um pouco mais humano: um cerimonial de vida. Esse tipo de amor é uma construção.

O amor que é construído com base na vontade e só pode ser afetado pela mesma vontade que o gerou é um amor maduro. E esse amor maduro tem vocação de expansão.

Quando comecei a dirigir, falei para o meu pai: "Se eu bater o carro, o senhor me defende, fica do meu lado?". E ele, com toda a calma, respondeu: "Eu não. Vou ficar do lado de quem estiver com a razão". Dá para identificar isso como um ato de amor? Eu acho que sim. É fácil defendermos quem amamos, mas defender a justiça como exemplo para aqueles que amamos nem sempre é tão simples. Dizem alguns relatos e contos que os incas, quando iam para a guerra, pediam para seus deuses que lutassem ao lado do justo, e não necessariamente ao lado deles. Se eles fossem a parte injusta, que fossem derrotados. É melhor ser derrotado do que vencer defendendo um erro, uma injustiça. Porque esse erro é ainda mais afirmado e assentado em nós quando vencemos através dele. Quem pensa dessa forma é uma pessoa que tem uma noção de amor universalista, calcada em valores. Isso é fundamental.

Rossandro – Refletindo sobre esse amor que transcende os limites familiares, observo que nos países considerados civilizados, onde a ordem pública é mantida e o respeito às leis é uma constante, paradoxalmente, muitas vezes encontramos um profundo mal-estar nas relações familiares. Parece que o compromisso com a ordem coletiva supera em muito a harmonia nos lares. Nossas famílias, embora possam oferecer uma intimidade rica, frequentemente se fecham para o mundo exterior. Esse comportamento evidencia uma coletividade empobrecida, em que todos sofremos. Em contrapartida, nas sociedades com um forte senso de coletividade, mas onde as relações íntimas são marcadas pela distância emocional, as conquistas civis e a beleza do entorno não são plenamente apreciadas devido à solidão emocional que permeia essas relações.

Essa reflexão nos leva de volta à essência do que é verdadeiramente necessário: a resolução das questões internas para enriquecer nossa capacidade de nos conectarmos com os outros. A passagem bíblica em que Jesus ensina a amar os inimigos ilustra profundamente esse princípio. Ele nos desafia a expandir nosso amor além das fronteiras do familiar e confortável, a abraçar um amor altruísta que não conhece limites. O amor, nesse contexto, não se contenta em beneficiar apenas aqueles que estão próximos a nós, mas se estende até mesmo àqueles que poderíamos considerar adversários. Esse ensinamento revela que o verdadeiro amor não é possessivo nem restritivo, mas livre e inclusivo, capaz de transformar até mesmo as relações mais tensas em oportunidades para a prática da compaixão e da compreensão mútua.

Desse modo, enquanto não compreendermos que o amor não deve ser racionado, e sim compartilhado livremente, continuaremos a enfrentar um sofrimento coletivo. Inspirados pelo conceito africano de ubuntu,[*] que enfatiza a necessidade de uma comunidade inteira para criar uma criança, devemos também reconhecer a importância de educar as crianças

---

[*] Conceito que pode ser traduzido como "eu sou, porque nós somos", expressa a relação entre indivíduo e comunidade. (N.E.)

para amarem não apenas sua tribo, mas todo o mundo ao seu redor. Somente assim poderemos construir o mundo que tanto almejamos, onde o amor ultrapassa as barreiras do egoísmo e abraça a humanidade como uma grande família.

Lúcia Helena – É exatamente essa a ideia. Eu a chamo de "virtude de cerquinha", aquela que a pessoa exercita apenas da cerca de casa para dentro. Ela é extremamente atenciosa com o filho, mas absolutamente indiferente da porta de casa para fora. E as crianças e os adolescentes, como estão vivendo muito próximos a esse mundo emocional, são mais sensíveis à incoerência. São muito sensíveis à falta de integridade, às contradições. Portanto, ou somos algo em todos os ambientes ou não o seremos em nenhum.

Vanessa – Existe um abismo que nos separa dessa capacidade de evolução que vamos galgando em nossa vida, que é o movimento de fugir da realidade. Para poder amar, precisamos poder sentir, estar presentes e imersos no aqui e agora. Mas o mundo está em um movimento frenético. É curioso como passamos a nos interessar com tanta devoção pelas coisas superficiais. Nós estamos cada vez mais fascinados por coisas banais e pela vida alheia, não importando se são anônimos ou famosos, e esse movimento virou um comportamento social. É uma dinâmica em que somos atraídos por estímulos que sabemos que não são reais, como se fôssemos mísseis teleguiados, controlados à distância e desprovidos de vontade própria.

Nós recebemos injeções diárias de distração, absorvemos esses artifícios e gostamos disso. Esse frenesi entre receber e querer mais vira um vício. O corpo responde a esse estímulo e começa a liberar dopamina,* não queremos perder nada do que está acontecendo. Os poucos minutos que temos para nós mesmos, em que poderíamos estar lendo, interagindo com quem amamos, se fragmentam tanto que diluem a essência da nossa experiência humana, afastando-nos das coisas que importam, e é dessa forma que vamos atrás do próximo estímulo para reagirmos. E isso não rouba só o nosso tempo; desperdiçamos nossa própria vida. Cada minuto que deixamos escapar de atenção ou propósito é uma partícula da existência que se esvai, uma oportunidade perdida de tecer memórias significativas, de abraçar pessoas e de viver experiências transformadoras.

O tempo é uma coisa preciosa. Estamos todos de partida, precisamos entender isso. Como diz uma amiga, as senhas foram distribuídas e não sabemos quem vai primeiro, não é por ordem de chegada. Mas, além de perdermos o tempo, perdemos também nossa percepção de felicidade, nossa capacidade espontânea de interagir com as pessoas e

---

* Neurotransmissor relacionado ao humor e ao prazer. (N.E.)

de apreciar pequenos gestos e contemplar a natureza. Nesse contexto todo, algo necessário para interagir é a atenção. No começo da nossa conversa, a professora Lúcia Helena contou do menino no trânsito, que ficou feliz com a atenção que ela lhe deu. A atenção hoje é luxo. Se não nos permitirmos crescer, desenvolver uma consciência voltada para aquilo que importa, vamos nos arrastar pela vida, seremos consumidos pelo vazio, mesmo que estejamos entupidos daquilo que existe de mais luxuoso que este planeta pode nos oferecer.

Eu entendo o amor como sendo a fusão de algo com o divino, a maior experiência da vida humana. O amor é uma palavra tão simples, mas ao mesmo tempo difícil para as pessoas. Ele é uma ação, mas é silêncio e também é correção. **Kierkegaard** diz: "O amor se oculta, só pode ser reconhecido pelos frutos que os revelam".* O amor é complexo e simples ao mesmo tempo – Rossandro usou a palavra "sofisticação". É a emoção suprema que foge da explicação racional. A última aula da disciplina do curso de Felicidade que ministro é sempre sobre o amor. Falamos desde as representações de amor que vemos em pinturas rupestres, passando pela Antropologia, pela Filosofia que debate isso há séculos, depois pela Psicologia, pela religião e pela ciência, que o reduziu a uma experiência bioquímica.

---

* Trecho do livro *As obras do amor*, publicado originalmente em 1847. (N.E.)

Quando a professora fala que o amor é aquilo de que necessitamos, não o que queremos, posso compartilhar uma experiência transformadora que tive na vida. Recebi um diagnóstico de mastectomia dupla e precisei dispensar a pessoa que me ajudava em casa. Estava em um momento muito difícil e não tinha dinheiro para pagá-la. Eu havia enterrado minha mãe fazia vinte dias, estava prostrada na cama, com a minha filha doente também. E essa mulher cuidou muito de mim, fazia minha comida, limpava minha casa sem receber por isso. Deixava o café quentinho na garrafa, me dava um beijo e ia embora. Ela fez isso várias vezes, nunca me disse: "Levante-se daí, você tem que reagir". Ela manifestava o amor com tanta delicadeza e, ao mesmo tempo, com tanta potência que aquilo me obrigou a sair do lugar.

"Quando não somos mais capazes de mudar uma situação, somos desafiados a mudar a nós mesmos" – li essa citação de **Viktor Frankl**[*] anos depois, e foi exatamente o que aconteceu comigo. Minha situação era desoladora, mas consegui reagir, saí da escuridão através do imenso amor que recebi. Aprendi mais sobre o amor com a manifestação dessa mulher do que com qualquer livro que li, do que com as igrejas pelas quais passei. Por isso, digo que o amor se funde com o divino, com algo que transcende a razão de

---

[*] Trecho do livro *Em busca de sentido*, publicado originalmente em 1946. (N.E.)

uma explicação. O amor tem uma capacidade tão delicada de entender a nossa necessidade, que talvez por isso consiga nos atravessar tão profundamente e, então, somos modificados por ele. A partir desse momento, em que recebi essa enxurrada de amor, decidi ser esperança na vida de alguém, e devolver aquilo que fizeram dentro de mim.

Eu me esforço para ser fator soma na vida dos outros, pois um dia a mão de alguém me alcançou e fez uma diferença muito grande para me tornar a pessoa que sou hoje. Estou convencida de que ser impactado pelo amor, vivê-lo, experimentá-lo nas mínimas coisas, é a experiência mais transformadora da nossa existência, e isso não precisa ser um acontecimento grandioso. Passar uma vida inteira apenas buscando as nossas vontades é como perder a viagem.

Rossandro – Refletindo sobre os sonhos não realizados da minha mãe, como sua aspiração de visitar Gramado, confronto-me com a complexidade do amor. O avanço da minha situação financeira coincidiu, lamentavelmente, com o diagnóstico dela de lúpus e fibrose pulmonar, tornando impossível a realização desse desejo. Confinada ao quarto, dependente de um respirador, ela foi privada da liberdade de explorar o mundo lá fora. A sua partida forçou-me a contemplar a verdadeira essência do amor.

Em momentos de despedida, as memórias que emergem não são de bens materiais ou experiências extravagantes, mas das pequenas ações de cuidado e presença. Recordamos o aroma matinal do café preparado por mãos cuidadosas ou o toque reconfortante na testa que aliviava a febre. Essas memórias sublinham um amor autêntico, expresso não em palavras, mas em gestos tangíveis e significativos. Vanessa foi cuidada em um momento de profunda fragilidade, e isso virou uma referência de afeto para ela em tempos em que as pessoas falam de amor, mas não o praticam.

Lamentavelmente, muitos pais hoje parecem distantes dessa prática do amor. A ausência de diálogo, toque, cuidado e orientação culmina em uma sociedade marcada pela depressão, pelo vício e pelo desespero – um reflexo da carência de um nutriente vital: o amor verdadeiro. A felicidade, ao contrário do que muitos pensam, não é um objetivo distante, e sim o fruto de uma existência pautada pela dignidade e pelo amor genuíno.

Quando Lúcia Helena diz que a geração atual é muito mais atenta às incoerências psicológicas dos pais, isso é um fato. A sensibilidade da nova geração às incongruências dos adultos é notável. Hoje, vejo jovens buscando caminhos espirituais divergentes daqueles dos pais não por rebeldia, mas porque percebem que os pais não vivem o que pregam. Ou seja, os jovens buscam congruência entre crenças e ações, destacam a necessidade de autenticidade. Esse fenômeno desafia a "virtude de cerquinha", pois existem pessoas que, no domingo, frequentam seus templos de confissão de fé e chamam a todos de irmãos, mas, na segunda-feira, assim que começa a semana, são indecentes, sabotadoras da vida dos outros. Nesses casos, a fraternidade proclamada em locais de culto contrasta com a conduta cotidiana. Contudo, há motivos para otimismo. A disposição de compartilhar e seguir conteúdos que promovem o bem coletivo ilumina um caminho de esperança. Estamos aqui justamente fazendo isso, dizendo que existe amor, "catando a poesia que entornas no chão".* Quando a professora Lúcia Helena conta que dormia com Bananas de Pijamas, e outras personagens das filhas, isso é poesia entornada no chão da vida cotidiana dos amores.

Ultimamente, estou cada vez mais empenhado em fortalecer os laços familiares, consciente de que o verdadeiro valor reside no âmbito doméstico, longe dos holofotes da fama. No final das contas, são os gestos de amor simples e cotidianos que nos aquecem e sustentam, mesmo quando não podemos mais contribuir com o mundo exterior. É no seio

A felicidade, ao contrário do que muitos pensam, não é um objetivo distante, e sim o fruto de uma existência pautada pela dignidade e pelo amor genuíno.

---

* Letra da música "As vitrines", de Chico Buarque. (N.E.)

da família, no compartilhar da vida diária com aqueles que amamos, que descobrimos a beleza e a força do amor prático.

Lúcia Helena – É interessante percebermos a importância de encontrar um ser humano que alimente as nossas esperanças. Como isso faz diferença! Recebi de presente um pequeno livrinho, cujo título não me recordo mais, no qual várias pessoas davam pequenos depoimentos inspiradores. Chamou a minha atenção o caso de um empresário de Brasília contando que, à época do acontecido, as festas de fim de ano se aproximavam, e ele estava muito estressado com seus negócios. Ao parar no sinaleiro, um menino de cerca de oito anos, segurando uma caixa de papelão, lhe pediu um donativo de Natal. Dentro da caixa, havia uma manga, que o menino provavelmente pegara do chão. O empresário, com um mau humor crítico, disse: "Eu não tenho dinheiro nenhum para lhe dar. Aliás, eu é que estou precisando de dinheiro, estou passando fome". O menino arregalou os olhos e falou: "Não, moço, o senhor não vai passar fome, não. Tome aqui esta manga. Também estou com fome, mas eu ajudo o senhor e Deus me ajuda. Se depender de mim, fome o senhor não passa, não. Pegue esta manga, eu acho outra". O empresário conta que o rosto do menino era tão sincero que ele não teve alternativa senão pegar a manga; ele andou um quarteirão e precisou parar o carro para chorar. Disse que aquele menino virou sua vida de cabeça para baixo.

Depois disso, ele se tornou um empreendedor social. Imagine o peso de uma experiência dessa, de um exemplo desse? Nós achamos que tudo é uma questão de número, de quantidade. Uma única pessoa que dá uma demonstração de amor verdadeiro pode parecer pouco, mas é muito contundente quando isso se propaga pela sociedade, tal como uma pedra que é jogada na água e gera círculos cada vez mais amplos. Isso é muito poderoso. Uma ocasião, há tempos, li em uma revista com pretensão de científica acerca de um experimento que, embora eu não concorde com o método, que considero antiético, tinha uma conclusão interessante. Uma cobaia era colocada na água, e os pesquisadores observavam por quanto tempo ela lutava antes de se entregar e começar a se afogar. Digamos que ela lutasse por dois minutos. Quando começava a se afogar, os pesquisadores a colocavam em um local seco e esperavam que ela se recuperasse. Depois, a colocavam novamente na água. E essa cobaia, que antes havia se debatido por dois minutos, agora se debatia por quatro minutos. Por quê? Porque agora ela tinha a esperança de que, na hora "H", alguém iria resgatá-la, pois isso já havia ocorrido. Veraz ou não, essa experiência sugere algo em que realmente acredito: o poder da esperança.

Imagine que, quando fazemos algo por alguém, dobramos a capacidade dessa pessoa de reagir às adversidades futuras. A partir daí, ela terá o dobro de energia para combater as dificuldades da vida, porque lhe demos a esperança de que, em um momento crítico, haverá alguém. É impressionante como isso impacta a vida das pessoas, como isso as atinge. O ser humano tem capacidade de disseminar luz com uma facilidade muito grande. Ainda que os "distribuidores de esperança" sejam poucos, é assim que começamos a mudar a perspectiva de vida das pessoas. Nesse menu de opções que a vida nos apresenta, agora, para essa pessoa, existe um item que é diferente, é de outra natureza: é o exemplo de vida que alguém lhe deu.

Ter a coragem de se conhecer

Lúcia Helena – Vanessa falava anteriormente sobre a questão da fuga de si mesmo, da superficialidade. Acredito que o homem é superficial graças a uma fuga contínua de sua própria essência, de sua verdadeira identidade. Costumo dizer que a solidão é estar desacompanhado de si mesmo; há mais solitários na Grande São Paulo do que em uma cidade de dez mil habitantes. Estar com nós mesmos é um elemento que, às vezes, não colocamos na nossa equação do tempo. Quando o faremos? Quando teremos esse diálogo interior, essa vida interior? Quando treinaremos para dominarmos basicamente nossos pensamentos a fim de percebermos que não somos apenas eles? Necessitamos nos voltar para dentro para percebermos que há algo em nós que está acima de pensamentos, de emoções, e que isso é o nosso verdadeiro eu. Quando notaremos que, ao longo da nossa vida, as experiências passam, mas existe um eu profundo, um olhar que é sempre o mesmo ao longo de todas essas experiências e que as observa, silenciosamente?

Podemos fazer uma experiência muito simples, tal como imaginarmos ser uma outra pessoa, de outro sexo, com outra vida, em outro país, e ver o mundo a partir dessa nova personalidade. O que permanece de nós mesmos nessa outra vida imaginária? A maior parte de nossas preocupações estão focadas em uma espécie de "casca": se mudamos essa casca, vemos quase tudo ir embora. O que permanece quando imaginamos que mudamos de personalidade? Nossas reflexões, nossos valores, nossos sentimentos verdadeiros, enfim, tudo aquilo que encontramos dentro de nós mesmos. Precisamos desenvolver o hábito de observar os detalhes significativos da vida, de aguçar os sentidos para percebermos os detalhes de tudo o que vemos; assim, vamos assimilando algo da sabedoria da vida. É como ouvir uma sinfonia: perceber quando entra um instrumento, quando sai outro... Precisamos aguçar os ouvidos, o tato, as portas de contato com a vida, para percebermos os múltiplos detalhes, os múltiplos ensinamentos que estão em tudo.

Vida interior, diálogo interno – em que momento fazemos isso? Que horas alimentamos esse diálogo sobre nosso propósito de vida? Sobre como estamos caminhando para lá e se isso realmente é o mais válido a fazer? Qual é o momento dedicado a isso? O homem desacompanhado de si mesmo não está profundamente com nada nem com ninguém; é o homem superficial. Trata-se de uma simples questão de paralelismo: se ele não está consigo mesmo, não está com ninguém nem com nada. Não passa dessa camada superficial de cultura que não vive o que lê e não sabe pelo que vive. Em que momento fazemos nossas experiências de sentir o mundo, de nos encontrarmos dentro de nós mesmos? Inteligência vem de *intellegere*, escolher dentre. E o maior sintoma de inteligência que existe é encontrar, em meio a tudo aquilo que dizem que somos, quem realmente somos, aquilo de nós que permanece em todas as circunstâncias, o olhar profundo capaz de ver o mundo e aprender com ele.

Gosto muito de um pensador chamado **Plotino**, que foi um filósofo, mas também um grande místico. Ele dizia que tínhamos que chegar ao ponto de contemplar a ideia do Bem, que é o atributo por excelência de Deus, dentro de nós. Deveríamos mergulhar em nós mesmos até encontrar nosso centro, essa "cabine de comando" que é nossa verdadeira identidade, e que se define pela bondade; sempre que buscamos aplicar o máximo bem que conhecemos em nossas ações, estamos agindo a partir do nosso mais legítimo eu. Quando agimos a partir de núcleos de consciência periféricos, como nossos rancores, nossos preconceitos, nossa vaidade etc.

(são muitos!), reforçamos esses pontos e nos afastamos ainda mais de nós mesmos. Essa é uma prática fundamental para o autoconhecimento e para julgarmos o acerto das nossas decisões: tudo o que parte do centro é legítimo e me faz crescer. Ser vitorioso em uma decisão que partiu de um núcleo periférico é uma vitória com um preço caro, pois reforça o poder desse núcleo sobre nós.

Rossandro – A habilidade mais transformadora que podemos cultivar é o autoconhecimento. Vanessa apontava para um paradoxo de nossa era: a sociedade empenha-se vigorosamente em nos afastar desse conhecimento essencial, incentivando uma alienação profunda que nos torna mais consumistas, mais suscetíveis à manipulação, seja no espectro político, ideológico ou religioso. Há, de fato, uma tendência à exploração da vulnerabilidade humana, recorrendo-se ao medo e à dor em detrimento do amor e da sacralidade.

Entretanto, a jornada rumo à autoconsciência é indispensável e, embora repleta de desafios, é a única via para a verdadeira plenitude. Esse caminho nos conduz por desertos interiores de introspecção e vazio, onde o "eu" antigo se despe de suas antigas camadas em um ritual de gratidão e despedida. É um processo de confronto com nossas próprias sombras, não com julgamento ou paixão, mas com a responsabilidade de nutrir e fortalecer as virtudes latentes em nosso ser.

Mergulhar nas profundezas de nosso ser, sondar nossos medos, nossas paixões, nossos desejos e nossas necessidades autênticas é um passo crucial em direção a uma felicidade que só se alcança através do reconhecimento e aceitação completos de quem realmente somos. É nesse profundo encontro consigo mesmo que reside a chave para uma existência autêntica e satisfatória.

A professora Lúcia Helena disse uma vez algo que achei muito bonito: "O silêncio é o momento em que eu tiro o que não é meu e que é do mundo e vou fazendo essa seleção". Agora, é preciso coragem para silenciar, o que lamentavelmente muitas pessoas ainda não possuem. Mas, a vida nos pede coragem, como na música "Viagem ao fundo do ego", da banda Egotrip: "Coragem pra encarar frente a frente eu no espelho".

Jung ensinava: "Quem olha para fora, sonha; quem olha para dentro, desperta". Esse despertar interior é uma jornada redentora, um processo de autodescoberta tão profundo que inevitavelmente irradia ao nosso redor. Conforme Jesus instruía, a luz interior, uma vez acesa, não pode ser ocultada sob um recipiente; assim como uma cidade situada sobre uma colina não pode ser escondida. Aquele que alcança a iluminação de sua própria consciência transforma-se em um farol para os demais, sem necessariamente ter essa intenção. Torna-se um ser que, serenamente, evidencia o caminho de fuga da escuridão da caverna. No entanto, a jornada para fora exige primeiro uma exploração das sombras interiores, de reconhecimento e cura, para que não sejam projetadas nos outros. Ao enfrentarmos e curarmos nossas sombras internas, nosso próprio processo de busca e cura se converte em um bálsamo, servindo de guia e inspiração para aqueles ao nosso redor.

Uma coisa que percebi, nessa jornada de autoconhecimento, foi que desvendar a essência do ser transcende a simples busca por identidade. Essa jornada, ainda em processo, me convoca diariamente a remover as camadas impostas pelas expectativas alheias, para que eu possa revelar a autenticidade que reside no meu âmago.

Muitas vezes, meu modo comunicativo e espontâneo foi encarado, por algumas pessoas, como sinal de pouca inteligência e fragilidade emocional, e durante algum tempo acreditei nisso, deixando de ser eu mesmo. Durante muito tempo me senti menor, deslocado, como se tentasse encaixar um parafuso onde cabia um prego. Mas, se isso testou minha resiliência, também terminou por afirmar minha identidade única. Foi então que persisti, apegando-me a meus valores essenciais, e descobri que minha integridade poderia, de fato, inspirar transformações ao meu redor.

A jornada rumo ao autoconhecimento me ensinou o valor da não conformidade. Ao honrar meus princípios de compreensão mútua, diálogo aberto e com leveza, consegui tocar a vida das pessoas de maneiras inesperadas. A luta para preservar minha individualidade em um mar de conformidade não enfraqueceu meu espírito; pelo contrário, solidificou minha compreensão de quem realmente sou.

Por isso, para aqueles que se veem cercados pela pressão de conformar-se, de ser o que os outros esperam de você, perdendo-se no processo, encorajo a prática constante da autorreflexão. Esse exercício é um farol, guiando-nos de volta à nossa verdade interna, pois ser fiel a si mesmo é um ato de coragem imensurável. É abraçar sua singularidade, reconhecendo que é exatamente dessa singularidade que o mundo precisa. A autenticidade é uma obra de arte viva, uma celebração da individualidade. Ser autêntico não é simplesmente ser diferente; é ser verdadeiramente você, em sua forma mais pura e sincera. A felicidade, então, não se encontra na adesão cega a padrões externos, mas na corajosa jornada de autoconhecimento e na celebração da própria autenticidade.

Vanessa – Olhar para dentro é o enfrentamento pelo qual todos temos que passar. A imagem de felicidade que nos forçamos a exibir para o mundo pode contrastar de forma gritante com o profundo abismo existencial e as frustrações que enfrentamos em nossa esfera privada. Inevitavelmente, em algum momento, somos confrontados com a verdadeira dimensão daquilo que estamos fazendo com a nossa vida, e é aí que o bicho pega! Os momentos de crescimento não vêm embalados para nós com o sabor "delícia"; pelo contrário, são amargos, doem. Por que é tão difícil pedir perdão, quando erramos? Porque lutamos contra nós mesmos; é uma batalha interna, a luta mais forte que temos que travar, a mais difícil, um duelo entre a consciência e o nosso orgulho, o nosso ego.

Nós nos sentimos injustiçados quando chega a nossa vez de crescer. Temos uma pena horrorosa de nós mesmos, achamos que a vida nos deve muito, e fazemos as perguntas erradas para justificar o que sentimos: "Por que fulano tem sucesso, carrão, dinheiro, e eu não?". Esse tipo de indagação reflete uma visão reducionista da nossa própria existência, que passa a ser medida apenas pelo que desejamos obter, em vez de entendermos quem realmente somos e o que precisamos para ser felizes. Em um movimento de defesa inconsciente, evitamos reconhecer em nós o insuportável, e transferimos nossos sentimentos conflituosos para um alvo mais aceitável: o outro.

A ideia de deslocar a frustração e o vazio para algo ou alguém pode ser vista como uma tentativa de lidar com o peso da existência e a busca por sentido, porque descobrimos que o mundo é indiferente ao nosso sofrimento. Ou seja, encontramos causas externas para o nosso desconforto interno. Mas precisamos conhecer e enfrentar nossos demônios, nossas sombras, para conseguirmos avançar. Só que avalio, com pesar, que nem todo mundo percebe isso, que a vida vai nos apresentando esses momentos difíceis para que possamos acordar e evoluir, olhar o que está acontecendo à nossa volta.

Enfrentar os nossos demônios requer coragem, e coragem é caminhar com medo. O medo existe porque não sabemos exatamente qual será o resultado. Mas, a cada passo que damos, é como se uma luz se acendesse incentivando-nos a seguir e, a partir daí, as coisas vão acontecendo. À medida que caminhamos de mãos dadas com esse compromisso pessoal, conseguimos subir degraus em nossa evolução. Acho que essa é uma lição importante sobre felicidade, caminhar mesmo com medo, seguir enfrentando os sentimentos que nos paralisam, ir corrigindo nossas imperfeições humanas em inúmeras situações. E, assim, a vida vai acontecendo, e nos aproximamos daquilo que nutrimos em nosso coração.

Lúcia Helena – Acho interessante ressaltar que, quando Rossandro reconhece ser invejoso, na verdade, o ideal seria usar o verbo "estar". E é muito importante, dentro de um mundo dual, que nos comprometamos com o oposto disso. Ou seja, junto com a constatação de que "estou invejoso", é preciso o compromisso de "não estar mais". Porque, às vezes, só a constatação gera comodismo. A pessoa assume aquilo e se aceita, mas, cuidado, porque aceitação não deve ser acomodação.

Imagine você viver com todas as portas e janelas de sua casa fechadas porque não gosta do sol: tem horror ao sol, porque faz mal à pele, causa envelhecimento precoce etc. Um dia, você muda de ideia, faz as pazes com o sol e abre portas e janelas. A distância do sol com a porta fechada e com a porta aberta é exatamente a mesma, mas, só pelo fato de se abrir para o sol, ele o atinge onde você está. Da mesma forma, quando firmamos um compromisso com a justiça, não demos um passo em direção a ela ainda, mas só de abrirmos as portas e janelas, a justiça nos atinge onde estamos, e nossa vida já não é a mais mesma; é a vida de uma pessoa comprometida com a justiça, pois esta nos ilumina onde quer que estejamos, o efeito é imediato. Portanto, se nos reconhecemos invejosos, mas nos comprometemos com o altruísmo ou com alguma virtude que possa compensar isso, nesse momento, essa virtude já está ao nosso lado. É muito importante considerarmos isso, pois acreditamos que buscar a virtude é um processo muito longo e demorado. Quando tomamos essa decisão, a virtude já caminha conosco.

Há uma história que acho particularmente bonita sobre tudo que falamos aqui. **Sidarta Gautama**, o Buda, já havia sido iluminado e passava a vida pregando, dando os seus sermões. Certo dia, ele estava próximo à cidade de Benares e mandou avisar que daria um sermão no alto de uma montanha, à noite. Todos os homens poderosos, os príncipes da terra, compraram tochas grandiosas para iluminar o caminho, para que pudessem ir e voltar com segurança. Mas havia uma anciã que era muito pobre, que só possuía uma lamparina pequena e velha. Ela vendeu os próprios cabelos para comprar um pouco de azeite e colocar nessa lamparina, e foi caminhando até a montanha. No meio do caminho, muitos debocharam dela: "O que essa senhora acha que vai iluminar com uma lamparina desse tamanho?". Mas ela, sobriamente, continuou seguindo. Quando todos chegaram ao alto da montanha, de uma hora para outra, caiu uma tempestade violenta, que apagou todas as tochas. As pessoas ficaram desesperadas. Buda tentava orientá-las, mas todas falavam ao mesmo tempo, e ninguém conseguia distinguir quais eram as vozes dos homens e qual era a voz do Buda – da mesma forma que também não conseguimos distinguir, de vez em quando, a voz do Buda (sabedoria) dentro de nós.

Ninguém conseguia achar um caminho para voltar para casa. De repente, quando as pessoas menos esperavam, a anciã apareceu com sua lamparina. Pequena como era, a lamparina não se apagou, pois a anciã conseguiu protegê-la com o próprio corpo. E como se fez muita escuridão, a luz pôde ser vista do alto de toda a montanha. Com esse dom do fogo, a anciã foi generosamente acendendo uma por uma das tochas dos príncipes da terra, e novamente se fez a luz. Novamente, os homens distinguiram a voz do Buda da voz dos homens. E novamente conseguiram encontrar o caminho para casa.

Gosto dessa história, porque precisamos entender que ditados populares como "uma andorinha só não faz verão" são uma ilusão. É preciso que uma andorinha vá na frente para que as outras resolvam voar atrás. Qualquer ser humano, quando tem uma conduta coerente, íntegra, quando tem vida interior, quando tem peso nas suas decisões, pode ser uma referência para muita gente. E esse é um processo que vai mudando os nossos padrões culturais do que é uma vida legitimamente humana.

Vanessa – Lindo encerrarmos assim!

Rossandro – Não temos como sair desta conversa sem esperança na humanidade. Que sejamos como essa anciã, protegendo uma vela que seja das chuvas para iluminar o caminho de outras pessoas.

Glossário

Aristóteles (384-322 a.c.): Filósofo grego, é considerado um dos maiores pensadores de todos os tempos e figura entre os expoentes que mais influenciaram o pensamento ocidental. Discípulo de Platão, interessou-se por diversas áreas, tendo deixado um importante legado nas áreas de lógica, física, metafísica, da moral e da ética, além de poesia e retórica.

Asch, Solomon (1907-1996): Psicólogo nascido na Polônia, foi ainda criança para os Estados Unidos, onde se deu sua formação. Pioneiro nos estudos na Psicologia Social, preocupou-se em entender a influência que outras pessoas podem ter em nosso comportamento. Foi mentor do polêmico psicólogo Stanley Milgram e realizou uma série de experimentos com o objetivo de demonstrar como a pressão de um grupo é capaz de moldar nossas atitudes.

Bandura, Albert (1925-2021): Psicólogo canadense, foi professor de Psicologia Social na Universidade de Stanford, nos Estados Unidos, e desenvolveu a teoria social cognitiva, que estuda a interação entre influências pessoais, comportamentais e ambientais.

Bregman, Rutger (1988): Historiador holandês, em seus trabalhos revisita a teoria do homem bom por natureza, propõe a abolição das fronteiras, a redução da jornada de trabalho e uma renda básica universal para erradicar a pobreza.

Bruno, Giordano (1548-1600): Filósofo do Renascimento italiano, defendia a teoria do heliocentrismo, que coloca o Sol (e não a Terra) como o ponto central do Universo. Suas ideias sobre a infinitude do universo e a metafísica de Deus foram consideradas heréticas e proibidas. Foi condenado à morte na fogueira pela Inquisição.

Cortella, Mario Sergio (1954): Filósofo brasileiro, é mestre e doutor em Educação pela PUC-SP, onde lecionou por muitos anos. Foi também secretário municipal de Educação de São Paulo (1991-1992). Hoje, atua como palestrante e é autor de diversos títulos como *As quatro estações da alma: Da angústia à esperança*, em parceria com Rossandro Klinjey, e *Viver, a que se destina?*, com Leandro Karnal.

Desmurget, Michel (1965): Pesquisador francês especializado em neurociência cognitiva, seu trabalho foca os efeitos negativos das telas na saúde e no desenvolvimento, especialmente na infância e na adolescência. É autor de livros como *A fábrica de cretinos digitais* e *Faça-os ler!*.

Djavan (1949): Um dos mais importantes cantores e compositores brasileiros, nasceu em Maceió, no Alagoas. É famoso por suas canções que misturam poesia e melodias elaboradas, como "Flor de Lis", "Oceano" e "Meu bem querer".

Dostoiévski, Fiódor (1821-1881): Escritor russo, é considerado um dos maiores romancistas da literatura mundial. Inovador por explorar problemas patológicos como a loucura, suas obras mais conhecidas são *Crime e castigo*, *Notas do subterrâneo* e *Os irmãos Karamazov*.

Epicteto (c. 50-135): Filósofo estoico, viveu a maior parte da vida como escravo em Roma. Não deixou obra escrita, mas a transmissão de seus ensinamentos foi assegurada por discípulos. Seu pensamento começa por distinguir entre as coisas que estão em nosso poder e aquelas que não estão.

Frankl, Viktor Emil (1905-1997): Judeu vienense, doutor em Medicina e Psiquiatria e doutor *honoris causa* em diversas universidades mundiais, inclusive no Brasil, foi um existencialista humanista que via os humanos como seres ativos, conscientes e livres. Esteve em campos de concentração de 1942 a 1945, e ajudava os companheiros de martírio a enfrentar com dignidade os desafios cotidianos.

Freud, Sigmund (1856-1939): Médico neurologista e psiquiatra austríaco, ficou conhecido como o "pai da psicanálise" por seu pioneirismo nos estudos sobre a mente e o inconsciente. Sua obra é objeto de questionamento, mas ainda exerce muita influência na área.

Fromm, Erich (1900-1980): Psicanalista alemão, emigrou para os Estados Unidos após a ascensão de Hitler ao poder. Para Fromm, a personalidade de um indivíduo era resultado de aspectos biológicos, socioeconômicos e culturais, ponto em que discordava de Freud, que privilegiava a influência do inconsciente. Sua obra procura levar à reflexão sobre as diversas formas de totalitarismo e alienação.

Galilei, Galileu (1564-1642): Físico e astrônomo italiano, abandonou o curso de Medicina na Universidade de Pisa para dedicar-se aos estudos de matemática, geometria e física e à observação do firmamento. Pôs em xeque os métodos de pesquisa universitária de seu tempo, entrando para a história como um divisor de águas no pensamento científico, por suas descobertas – defesa do heliocentrismo – e propostas para uma nova metodologia científica – laicização do saber acadêmico.

Gautama, Sidarta: Não se sabe ao certo a data em que nasceu, mas acredita-se que tenha sido por volta de 560 a.C., no atual Nepal, com morte em torno de 480 a.C. Filho de reis, desde cedo demonstrou interesse pela meditação e pelo pensamento filosófico. Preocupado com o sofrimento humano, abandonou a vida de príncipe para buscar a iluminação, transformando-se no primeiro Buda, que significa "aquele que despertou", dando origem ao budismo.

Han, Byung-Chul (1959): Filósofo de origem sul-coreana, é professor na Universidade de Berlim, na Alemanha. Crítico da sociedade do consumo e do mundo digital, tem se dedicado a entender o impacto do capitalismo na saúde mental das pessoas. É autor de livros como *Sociedade do cansaço* e *No enxame: Perspectivas do digital*.

Hesíodo: Poeta grego, acredita-se que tenha nascido em meados do século VIII a.C. Contemporâneo de Homero, seus poemas são importantes registros da mitologia e vida grega da época. Para ele, a felicidade consistia no trabalho e no exercício das virtudes morais. Suas obras efetivamente conhecidas são *Teogonia* e *Os trabalhos e os dias*.

Homero: Poeta da Grécia Antiga, teria vivido por volta do século IX a.C. A ele, é atribuída a autoria dos poemas épicos *Ilíada*, que versa sobre a Guerra de Troia, e *Odisseia*, que narra a epopeia de um herói para retornar a sua terra natal. Sua obra valoriza a virtude do homem nobre.

Jung, Carl Gustav (1875-1961): Psiquiatra suíço, fundador da psicologia analítica, foi um dos maiores estudiosos da vida interior do homem e tomou a si mesmo como matéria-prima de suas descobertas. Correspondeu-se com Freud por muitos anos, mas romperam após divergências. Suas pesquisas marcaram decisivamente estudos em diversas áreas além da Psicologia, como Antropologia, Sociologia, Arte e Literatura.

Kant, Immanuel (1724-1804): Filósofo alemão, suas pesquisas conduziram-no à interrogação sobre os limites da sensibilidade e da razão. A filosofia kantiana tenta responder às questões: Que podemos conhecer? Que podemos fazer? Que podemos esperar? Dentre suas obras, destacam-se *Crítica da razão pura*, *Crítica da razão prática* e *Fundamentação da metafísica dos costumes*.

Kierkegaard, Soren (1813-1855): Filósofo dinamarquês do século XIX, foi um dos precursores da Filosofia existencialista. Escreveu centenas de textos sobre temas como ética, estética e política, a maioria deles na forma de ensaios. Entre suas obras, destacam-se *Temor e tremor*, *O conceito de angústia* e *Migalhas filosóficas*.

Kübler-Ross, Elisabeth (1926-2004): Psiquiatra nascida na Suíça, ficou conhecida por identificar cinco estágios do luto: negação, raiva, negociação, depressão e aceitação. Foi pioneira no tratamento de pacientes terminais.

Livraga, Jorge Ángel (1930-1991): De origem italiana, nasceu em Buenos Aires, na Argentina, e formou-se em Medicina, depois licenciando-se também em História da Arte e Filosofia. Como o objetivo de levar o conhecimento a todo tipo de público, fundou a Nova Acrópole, organização internacional filosófica criada em 1957 e presente em diversos países.

Luft, Lya (1938-2021): Escritora gaúcha, publicou dezenas de livros, transitando por gêneros como romance, contos, poesia e literatura infantil. Entre outros, recebeu o prêmio Machado de Assis de melhor ficção do ano, na categoria romance, pela obra *O tigre na sombra*.

Lumière (irmãos): Nascidos na França, filhos de um fotógrafo, Auguste Marie Louis Nicholas Lumière (1862-1954) e Louis Jean Lumière (1864-1948), os irmãos Lumière, foram os responsáveis por registrar em 1895 o cinematógrafo, a primeira máquina de filmar e projetar filmes, sendo por isso, frequentemente, referidos como os pais do cinema.

Lyubomirsky, Sonja (1957): Nascida na Rússia, é professora de Psicologia na Universidade da Califórnia, nos Estados Unidos. Suas pesquisas sobre as possibilidades de tornar a felicidade duradoura, por meio da gratidão, da gentileza e das conexões, receberam diversos prêmios.

Mark, Gloria: Psicóloga americana, é professora da Universidade da Califórnia, nos Estados Unidos. Estuda o impacto da mídia digital na vida das pessoas. Sua pesquisa se aprofunda na análise de como os dispositivos digitais afetam o comportamento, a atenção, a produtividade e o humor.

Merzenich, Michael: Neurocientista americano e professor emérito da Universidade da Califórnia, nos Estados Unidos, conduziu estudos pioneiros sobre neuroplasticidade, defendendo ser possível criar novos circuitos e conexões neuronais ao longo de toda a vida.

Milgram, Stanley (1933-1984): Psicólogo americano, com experimentos considerados polêmicos, procurou demonstrar a predisposição humana em obedecer à autoridade, mesmo que isso signifique ir contra os próprios valores. Em sua experiência mais conhecida, os participantes eram induzidos, por meio de uma figura de autoridade, a administrar descargas elétricas cada vez mais altas em outra pessoa sempre que esta respondesse erroneamente a uma pergunta.

Montessori, Maria (1870-1952): Médica e educadora italiana, desenvolveu um sistema de ensino para estimular o potencial criativo dos alunos, favorecendo a educação dos sentidos e a tomada de decisões.

Padre Zezinho (1941): José Fernandes de Oliveira, conhecido como padre Zezinho, é um religioso brasileiro, natural de Minas Gerais. Reconhecido como um importante comunicador e evangelizador no meio católico, é também cantor e compositor, sendo dele a letra das músicas "Oração pela família" e "Amar como Jesus amou", entre outras.

Piaget, Jean (1896-1980): Psicólogo e pedagogo suíço, responsável pela mais abrangente teoria sobre o desenvolvimento intelectual (cognitivo), suas ideias influenciam a educação até hoje.

Pinker, Steven (1954): Psicólogo e linguista canadense, é professor de Psicologia da Universidade de Harvard, EUA, e autor de vários livros sobre linguagem e cognição, voltados à divulgação científica para o público geral. Foi por duas vezes indicado ao prêmio Pulitzer, pelos livros *Como a mente funciona* e *Tábula rasa*.

Platão (427-347 a.C.): Um dos principais filósofos gregos da Antiguidade, discípulo de Sócrates, influenciou profundamente a Filosofia ocidental. Considerava as ideias o próprio objeto do conhecimento intelectual. O papel da Filosofia seria libertar o homem do mundo das aparências para o mundo das essências. Platão escreveu 38 obras que, pelo gênero predominante adotado, ficaram conhecidas pelo nome coletivo de *Diálogos de Platão*.

Plotino (c. 205-270): Principal representante do neoplatonismo na Antiguidade, sua filosofia está resumida nas *Enéadas*, e é baseada na ideia do *uno*, que seria a origem de tudo e finalidade de todos os seres, do qual se originariam o *intelecto* e a *alma*. Segundo seu pensamento, os seres humanos, originários do uno, deveriam fazer o caminho inverso, da alma para o intelecto, e finalmente para o uno, alcançando assim a união mística com Deus.

Sangalo, Ivete (1972): Cantora e compositora baiana, alcançou sucesso primeiramente como vocalista da Banda Eva, lançando-se posteriormente em carreira solo. Entre as músicas que ficaram conhecidas em sua voz, estão "Tempo de alegria", "Quando a chuva passar" e "Se eu não te amasse tanto assim".

São Francisco de Assis [Giovanni Francesco Bernardone] (1182-1226): Nascido em Assis, na Itália, em família abastada, voltou-se para uma vida religiosa de completa pobreza, fundando a ordem mendicante dos franciscanos. A proximidade com a natureza sempre foi sua qualidade mais conhecida. Via todas as criaturas como irmãos e irmãs.

Seligman, Martin (1942): Psicólogo e professor americano, é considerado o pai da Psicologia Positiva. Foi presidente da Associação de Psicologia Americana e recebeu diversos prêmios por seu trabalho.

Sêneca (c. 4 a.C.-65 d.C.): Filósofo estoico e poeta romano, preocupou-se com a moral prática e individual. Pregava a pobreza e o domínio das paixões, embora tenha levado uma vida de luxo. Recebeu e cumpriu ordem de suicídio após se envolver na conspiração de Pisão, que planejava o assassinato do imperador romano Nero.

Slater, Lauren (1963): Psicóloga e escritora americana, possui vários livros publicados que têm como tema a saúde mental.

Sócrates (470 a.C.-399 a.C.): Filósofo grego, não deixou obra escrita. Seus ensinamentos são conhecidos por fontes indiretas. Praticava Filosofia pelo método dialético, propondo questões acerca de vários assuntos.

Soljenítsin, Alexander (1918-2008): Escritor russo, foi símbolo de oposição ao regime soviético, tendo sido preso por isso. Em *Arquipélago Gulag*, considerada sua obra-prima, descreve os horrores dos campos de trabalho stalinistas. Em 1970, recebeu o prêmio Nobel de Literatura.

Tiba, Içami (1941-2015): Médico psiquiatra, psicodramatista, educador, palestrante e escritor, seu trabalho voltava-se, sobretudo, aos adolescentes e às relações familiares. Entre os pilares que defendia estavam a disciplina, a gratidão, a religiosidade, a ética e a cidadania. Publicou vários livros, dentre os quais se destacam *Quem ama, educa!* e *Família de alta performance*.

Vygotsky, Lev Semionovitch (1896-1934): Psicólogo, filólogo e médico, dedicou-se a temas como pensamento, linguagem e desenvolvimento da criança. De sua extensa obra, destacam-se *Pensamento e linguagem* e *A formação social da mente*.

Especificações técnicas

Fonte: Adobe Garamond Pro 12,5 p
Entrelinha: 18,5 p
Papel (miolo): Off-white 80 g/m²
Papel (capa): Cartão 250 g/m²